정치와 정치, 그리고 정치

정치와 정치, 그리고 정치

초판1쇄 인쇄 2012년 5월 14일
초판1쇄 발행 2012년 5월 14일

편저자 조인원
펴낸이 조인원
펴낸곳 경희대학교 출판문화원

주소 서울시 동대문구 경희대로 26 (회기동)
전화 02-961-0106~8
팩스 02-962-8840
설립 1960년 9월 16일 제5-8호
등록 1977년 11월 8일 제6-5호
홈페이지 www.khupress.com
전자우편 press@khu.ac.kr

ISBN 978-89-8222-409-6 93340

OPEN DIALOGUE
특별강연

정치와 정치, 그리고 정치

조인원 편저

경희대학교 출판문화원
KYUNG HEE UNIVERSITY PRESS

이 책은 2010년 10월 13일 경희대학교에서 개최한 〈교양학부 공개강좌〉를 수록했습니다. 경희대 조인원 총장의 특별강연과 원탁회의로 이뤄진 이 공개강좌는 우리 모두의 관심사인 현실정치, 더 나은 인간과 정치의 새로운 가능성을 논했습니다.

차례

들어가며

여러분, 환영합니다. 공개강좌 사회를 맡은 교양학부장 김상준입니다. 평소 교양학부 공개강좌가 늘 성황이었지만, 오늘은 평소보다 더 많은 학생이 참석했습니다. 특별한 분을 모셨기 때문이라고 생각합니다. 우리 대학 총장님입니다. 여러분, 총장님 전공이 뭔지 아시는지요. 정치학입니다. 그래서인지 강연 제목에 정치란 단어를 세 번 반복하셨습니다. 서로 다른 세 가지 의미의 정치를 언급해주실 것 같습니다. 총장님께서 한 시간가량 말씀해주실 겁니다. 나머지 한 시간은 여러분과 함께 대화를 나누는 시간입니다. 편안하게 강연을 들으시고, 자연스러운 분위기에서 총장님과 대화 나누시기 바랍니다. 총장님을 모시겠습니다.

정치는 인간만큼이나 오랜 역사를 갖고 있다.
그 역사의 한복판엔 '사람의 사람 되기'가 놓여 있다.
사람 되기···
장구하고, 변화무쌍한 생명의 역사가 말해주듯 사람의 사람 되기 과정엔 치열한 '생존의 역사,' '피의 역사,' 또 이와는 상반된 '영혼의 역사,' '사랑과 희원의 역사'가 함께했다.
정치는 바로 이 기나긴 여정의 거울이다.
인간 특유의 파란과 변전, 구원의 드라마를 반영하며 그 모습을 만들어왔다.
정치, 그 역사의 흐름은 지금은 어디를 향하고 있는가.

강의록을 준비해왔는데, 어두워서 잘 보이질 않는군요. 강의록 보지 않고 편안하게 말씀드리겠습니다. 사회를 맡은 김상준 교수께서도 편안하게 강연을 진행한다고 하셔서 마음이 한결 가볍습니다.

여러분, 반갑습니다. 제가 그간 강의를 오래 했습니다. 1988년부터 우리 대학에서 시작했습니다. 긴 세월입니다. 오늘은 그 긴 세월 동안 겪지 못한 두 가지 특별한 경험을 했습니다. 강의실로 들어오면서 큰 박수를 받았습니다. 처음 경험하는 일입니다. 감사합니다. 또 하나는, 오랜만에 이렇게 많은 학생 앞에서 강의를 합니다. 전공분야가 정치이론, 정치철학이다 보니, 수강생이 보통 20여 명, 많아야 40~50명 정도였습니다. 또 주로 대학원 강의를 맡아서 10여 명 내외의 원생과 얼굴을 마주하는 토론 방식에 익숙합니다. 그래서 사실 강의록을 보면서 딱딱하게 강의하는 것이 어색합니다. 오랜만의 대형 강연이지만, 일반 강의처럼 편안하게 하겠습니다.

2010년 10월 13일 경희대학교 교양학부 공개강좌에서 "정치와 정치, 그리고 정치"를 주제로 강연하는 조인원 총장.

오늘 강연 제목은 "정치와 정치, 그리고 정치"입니다. 교양학부 홈페이지를 방문했더니 김상준 교수께서 배려를 해주셨더군요. 홍보 배너라고 하지요? 오늘 특강을 안내하는데, 제목이 "인간, 정치, 그리고 희망"으로 소개돼 있었습니다. 원 제목을 그대로 올리면 학생들이 외면할 것 같아 제목을 바꿔 놓은 게 아닌가 합니다. 오늘 이렇게 대형 강의실을 우리 학생들이 꽉 채운 것은 김 교수님의 '사려 깊은 유인책'이 큰 역할을 했다고 봅니다.

특강 제목에 관해 말씀드릴 게 또 하나 있습니다. 교양학부에서 특별강연을 제안했을 때, 학생 대부분이 '독서와 토론' 수강생이라고 들었습니다. 고학년도 있지만, 대부분 다양한 전공을 준비하는 1학년 학생이 강연을 들을 텐데 주제를 무엇으로 할까, 제목은 어떻게 할까 고민했습니다. 결국 제 전공인 정치에 관한 주제를 선택하기로 했습니다. 어떤 분과 얘기를 나누다가 강연 제목이 "정치와 정치, 그리고 정치"라고 하니 어색해 하는 눈치였습니다. 제가 "왜 마음에 안 드시느냐"고 했더니, "정치는 한 번만 들어도 머리가 아픈데, 그것을 왜 세 번씩이나 반복하셨냐. 요즘 정치에 관심이 크지 않은 젊은 학생들이 좋아하겠느냐"며 걱정해주셨습니다.

그럼에도 불구하고 원 제목을 고집했습니다. "정치와 정치, 그리고 정치"라는 강연 제목에는 '현실정치에 문제가 있다,' '정치가 변해야 한다'는 생각이 담겨 있습니다. 현실정치의 폐해를 극복하는 새 정치를 모색해야 한다는 의미도 있습니다. 또 평생 정치학을 공부했기 때문에 정치학에 대한 애정도 들어 있습니다. 한마디로, 정치에 대한 긍정, 부정의 관점을 검토하면서, 우리가 꿈꾸는 새 정치를 여러분과 함께 고민해보고자 합니다.

오늘 강연을 위해 책 한 권과 웹사이트, 그리고 흥미로운 연설문 하나를 읽어보시라고 미리 추천했습니다. 읽어볼 기회가 있으셨는지요? 설명해드리겠습니다. 첫 번째 책은 뤽 페리 Luc Ferry[1]의 〈신-인간, 혹은 삶의 의미*L'homme-Dieu ou le sens de la vie*〉[2]입니다. 뤽 페리는 파리대학교 철학과 교수를 지낸 분입니다. 얼마 전 프랑스 교육부 장관도 역임했다고 합니다. 또 젊었을 땐 〈르 몽드〉 기자로도 활약했다고 합니다. 오래전에 접한 책인데, 정치의 희망, 정치의 미래를 생각할 때 가끔 떠오르는 책입니다. 책 취지는 큽니다. 보편에 대한 인식과 사유방법의 전환을 통해 어떻게 새 세상을 만들어갈 것인가 하는 문제를 다루고 있습니다.

두 번째로 추천한 자료는 로베르토 웅거Roberto M. Unger[3] 웹사이트입니다. 1980년대 후반 미국 노스웨스턴대학에서 이례적

---

1 **뤽 페리** Luc Ferry, 1951~ 프랑스 철학자이자 정치학자. 리용 정치학교(IEP de Lyon), 파리1대학, 깡대학, 파리7대학 등에서 가르쳤다. 2002년부터 2004년까지 교육부 장관을 지냈다. 2009년부터는 국가윤리자문위원회 위원으로 활동하고 있다. '세속적 휴머니즘'(secular humanism)의 주창자로 주로 실천철학 연구를 통해 근대 정치철학, 법학, 역사철학 등을 고찰하면서 모더니즘을 구성하는 인간상을 탐구하고 있다.

2 뤽 페리 저, 우종길 역, 〈신-인간, 혹은 삶의 의미〉, L'homme-Dieu ou le sens de la vie, 영림카디널, 1998.

3 **로베르토 웅거** Roberto Mangabeira Unger, 1947~ 브라질 태생 하버드대 교수. 1976년 이래 하버드 로스쿨 종신교수로 재직하고 있다. 1970년대부터 미국에서 비판 법학연구 운동을 전개하면서 합리적이고 이상적인 법사상에 대한 체계적인 대안을 제시한다. 브라질 민주화운동에 기여했고, 룰라 정부하에서 국가전략부 장관을 역임했다. 사회, 정치, 법, 경제 이론에 관한 많은 저작을 통해 맑스주의와 신자유주의를 넘어서는 대안 사회이론의 토대를 마련했다. 인간 본성과 인식철학, 그리고 종교와 과학에도 관심을 기울이고 있다.

인 일이 있었습니다. 현존 인물의 학문세계를 논하는 자리를 마련했다고 합니다. 그것만 해도 특별한 일입니다. 그런데 사회학, 인류학, 심리학, 경제학, 철학 분야의 석학과 거장이 한 자리에 모여 웅거의 이론을 다각적으로 분석, 비평하는 자리를 가졌습니다.[4] 웅거가 정치를 바라보는 시각은 색다릅니다. 잠시 후 다시 소개하겠지만, 흔히 '구조적 사유, 현실적 사유가 왜 논리적, 실천적으로 극복돼야 하나'라는 문제를 다룹니다. 이 문제의식을 집대성한 것이 웅거의 〈정치*Politics*〉 3부작[5]입니다. 이 책에서 웅거는 정치와 역사를 추동하는 '사람의 역할이 무엇인가'를 다룹니다. '사람과 정치를 어떻게 재조명해야 할 것인가'라는 의미 있는 질문을 던집니다.

마지막 자료는 바츨라프 하벨Václav Havel[6]의 연설문입니다. 여

---

4 'A Symposium on Roberto Unger's Politics: A Work in Constructive Social Theory.'

5 Roberto M. Unger, *Politics: A Work in Constructive Social Theory*, Cambridge University Press, Cambridge, 1987, in 3 Vols.
Vol. 1 - False Necessity: Anti-Necessitarian Social Theory in the Service of Radical Democracy.
Vol. 2 - Social Theory: Its Situation and Its Task - A Critical Introduction to Politics: A Work in Constructive Social Theory.
Vol. 3 - Plasticity Into Power: Comparative-Historical Studies on the Institutional Conditions of Economic and Military Success.

6 **바츨라프 하벨** Václav Havel, 1936~2011 체코 극작가 겸 정치가. 1989년 '시민포럼'을 이끌며 반정부 시위를 주도해 공산독재를 무너뜨리는 데 기여했다. 1993년 체코와 슬로바키아가 분리된 이후 체코공화국의 초대 대통령으로 선출됐다. 극작가 하벨은 자신의 작품을 통해 전체주의 체제에서 나타나는 자기 기만적 합리화와 도덕적 타락을 묘사했다.

러분도 잘 아시겠지만, 1993년 체코슬로바키아가 둘로 나뉘면서 체코공화국이 수립됐습니다. 당시 벨벳혁명[7]이라 불리던 민주화를 주도하면서 체코공화국을 성공적으로 출범시킨 인물이 바로 하벨입니다. 추천한 글은 하벨 대통령이 1994년 미국 필라델피아 독립기념관에서 '자유의 메달Liberty Medal'[8]을 수상할 때 행한 연설[9]입니다. 현대사회의 닫힌 정치 현실에서 세계를 상상하고 창조하는 영혼의 자유로움을 다룹니다. 인과외적因果外的 설정을 이끄는 '초극超克,' 그 세계로 여러분을 초대합니다. 자료 소개는 여기까지 하겠습니다.

오늘 말씀드릴 내용은 크게 세 가지입니다. 먼저 "보편에 대해"입니다. 우리가 흔히 경험하는 현실정치는 이념적 구분에 의해, 어떤 분리된 관점에 따라 정치를 이해합니다. 첫 번째 소주제에서는 이처럼 큰 이야기를 풀어가는 '위대한 정치'

---

7 **벨벳혁명** Velvet Revolution 1989년 체코에서 일어난 무혈 민주주의 혁명. 11월 17일 프라하에서 일어난 평화적인 학생시위를 경찰이 과잉진압하면서 촉발됐다. 이 혁명으로 공산주의 일당 체제가 무너지고 바츨라프 하벨이 대통령직에 올랐다. 1990년 6월 체코슬로바키아는 1946년 이래 처음으로 민주적인 선거를 치르게 된다. 벨벳혁명은 동유럽 민주화 혁명에서 매우 중요한 사건으로 평가 받는다. 슬로바키아에서는 '신사혁명'이라고 부른다.

8 **자유의 메달** Liberty Medal 미국 국립헌법센터가 자유를 위해 공헌한 사람에게 수여하는 상이다.

9 Václav Havel, President of the Czech Republic, 'The Philadelphia Liberty Medal' Acceptance Speech, 1994 (http://constitutioncenter.org/libertymedal/recipient_1994_speech.html).

벨벳혁명 Velvet Revolution

를 다루고자 합니다.[10] 큰 정치가 종말을 고하는 이 시대에, 이념이 설정하는 보편 가치를 어떻게 받아들일 것인가 하는 문제를 살펴보겠습니다.

두 번째 소주제는 "사람의 사람"입니다. 큰 정치, 혹은 이념

10 '위대한 정치'는 두 가지 의미를 지닌다. 하나는 '모든 것을 포괄하는'(all-encompassing) 이념정치다. 현대정치의 좌우 진영 이념정치는 '제각기 틀 안의 구속력'을 가지며, 그 안의 모든 것을 관장한다. 그러나 또 다른 의미에서, 이념정치는 그 실용도와 선호도 이탈 따라 '정통성 위기'를 경험한다. 이 경우 '경외심,' '충성심'은 사라지고, 불신과 갈등, 대립과 투쟁의 대상으로 전락한다.

적 가치를 지향하는 정치는 보편의 절대성, 객관성을 강조합니다. 그러나 절대적인 것, 보편적인 것은 해석에 따라 달라질 수 있습니다. 해석은 사람이 하는 것입니다. 사람은 가치와 이념에 갇힌 틀을 언제든지 뛰어넘을 수 있는 무한한 역량을 갖춘 존재입니다. 이 문제를 다루도록 하겠습니다. '열린 사람'과 '사람 정치'의 새 가능성에 주목하고자 합니다. '우리는 누구이고, 우리가 상상하는 우리는 누구인가?'라는 문제를 검토하겠습니다. 그 연장선상에서 정치에 대한 재해석도 해보겠습니다. 여러분, 〈아바타Avatar〉와 〈매트릭스The Matrix〉란 영화 보셨지요? 이 두 편의 영화가 미래정치에 대한 상상의 한 갈래를 엿볼 수 있게 해준다는 생각이 들었습니다. 우리의 상상력과 함께 '사람의 사람,' '정치의 정치'를 논하고자 합니다.

마지막 주제 "모든 것이 정치?: 희망은 어디에"는 슬픈 정치 현실에 관한 이야기입니다. 여러분은 누가 정치란 무엇이냐고 물으면 가장 먼저 무엇이 떠오르나요? 제가 겪은 일화를 전해드리겠습니다. 2000년대 초반 일입니다. 한 일간지에 미래정치를 주제로 글을 쓴 적이 있습니다.[11] 그때 글 도입부를 어떻게 시작할까 궁리하다가 택시 기사분과 나눴던 대화가 떠

---

11 조인원, '이제는 미학(美學)의 정치, 포월(包越)의 정치를 말하자,' 〈시민의 신문〉, 시민의 신문-경희대 NGO대학원 기획특강, 「미래정치를 묻는다」 총론, 2003년 5월 4일자.

올랐습니다. 교문 앞에서 택시를 타고 기사분께 "광화문 가주세요"라고 했지요. 택시가 출발했는데 기사분이 백미러를 통해 자꾸 저를 바라보는 것이 느껴졌습니다. 백미러에서 서로 눈이 마주쳤습니다. 그때 기사분이 "교수님이십니까"라고 물어요. 그렇다고 했더니 "뭘 가르치십니까"라고 또 묻더군요. "정치학이요"라고 했습니다. 그러면서 백미러를 봤더니, 실망하는 기색이 느껴졌습니다. 그래서 제가 기사분에게 "하고많은 전공 중에 왜 하필 정치학입니까 라고 물으시려 했지요?"라고 했더니 막 웃더군요. 이어 기사분께서 이렇게 말했습니다. "정치는 나라 위해, 국민 위해 큰일 하는 멋진 건데, 정치인들이 TV나 신문에서 떠드는 걸 보면 뭘 하자는 건지 전 모르겠습니다. 기대 접었습니다." 광화문까지 가는 택시 안에서 주로 제가 강의를 들었습니다.

이 에피소드는 10여 년 전 이야기입니다. 그러나 그때나 지금이나 우리가 정치를 바라보는 시선은 크게 달라진 것 같지 않습니다. 우리나라를 넘어 세계 도처의 기성정치도 크게 다르지 않다고 봅니다. 여러분은 어떻게 생각하시는지요. 특강 마지막 부분에 이런 상황에서 우리가 어떤 희망을 구할 수 있을지, 함께 이야기 나누고자 합니다. '모든 것이 정치'인 현대사회, 현실세계에서 관념과 이념의 기존 정치를 넘어 새 길을 모색하고자 합니다. '표현과 실현,' '공감과 합의,' '실천과 연대'의 힘을 재조명하며, '슬픈 기성정치'의 새 미래를 논하고자 합니다. 첫 번째 소주제로 넘어가기 전에 정치에 관한 '모든 것,' 그 모든 것의 시원始原인 '사람'에 관한 영상자료를 잠시 소개하겠습니다.

정치의 역사는 인간 역사와 함께해왔습니다. 인간 역사는 장구합니다. '루시Lucy'가 인류의 상징적 조상이라고 할 수 있지요.[12] '오스트랄로피테쿠스 아파렌시스Australopithecus Afarensis' 라고도 부르는데, 신장이 1.5미터 남짓합니다. 에티오피아 아디스아바바Addis Ababa의 박물관에 보관되어 있는 루시의 모습을 영상에 담아왔습니다. 320만 년 전 출현한 루시, 사람의 출현 전, 이들은 어떻게 생각하고, 행동했을까 많은 것을 생각하게 합니다.

두 번째 사진은 침팬지입니다. 얼마 전 우리 대학에 와서 강연을 하신 세계적인 동물학자 제인 구달Jane Goodall[13] 박사가 침

---

12 **인류의 조상들**
400만여 년 전: 아르디피테쿠스 라미두스, 오스트랄로피테쿠스 아나멘시스.
300만여 년 전: 오스트랄로피테쿠스 아파렌시스.
200만여 년 전: 오스트랄로피테쿠스 아프리카누스, 오스트랄로피테쿠스 아이티오피쿠스.
100만여 년 전: 오스트랄로피테쿠스 로부스투스, 오스트랄로피테쿠스 보이세이, 호모 에렉투스, 호모 하빌리스.

13 **제인 구달** Jane Goodall, 1934~ 영국의 동물학자이자 환경운동가. 침팬지 행동연구 분야의 세계적 권위자다. 아프리카 탄자니아에서 45년 동안 야생 침팬지의 사회적 행동을 연구했다. 그녀

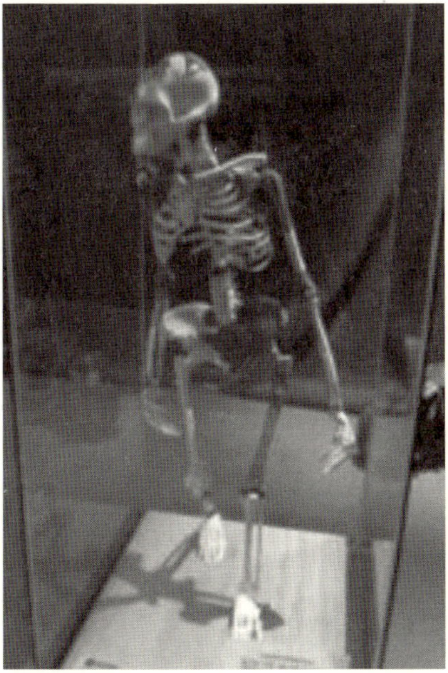

루시 Lucy

1974년 에티오피아 하다르에서 발견된 오스트랄로피테쿠스 아파렌시스 유골의 대중적인 명칭이다. 320만 년 전에 살았던 것으로 추정되는 한 여성의 뼛조각 40%가 발견됐다. 루시라는 이름은 발굴 당시 유행하던 비틀스의 노래 '다이아몬드와 함께 있는 하늘의 루시'에서 유래했다. 루시의 발견으로 직립보행을 가능하게 한 요인이 두뇌 발달이 아니라 도구 제작 능력이라는 주장에 힘이 실렸다.

팬지 사회에 관한 새로운 사실을 많이 밝혀냈습니다. 구달 박사의 저서가 국내에도 소개됐지요?[14] 이 사진은 미시간대 동물연구팀이 1970년대에 밝혀낸 사실입니다. 침팬지가 "They

---

가 밝혀낸 사실들은 침팬지들의 도구 사용, 서열, 성생활, 육아, 폭력성 등과 관련된 것이다.

14 제인 구달 저, 박순영 역, 〈제인 구달: 침팬지와 함께한 나의 인생〉, My Life with the Chimpanzees, 사이언스북스, 2005; 제인 구달 저, 박순영 역, 〈희망의 이유〉, Reason for Hope: A Spiritual Journey, 궁리, 2003; 제인 구달 저, 햇살과나무꾼 역, 〈내가 사랑한 침팬지〉, Chimpanzees I Love: Saving Their World and Ours, 두레아이들, 2003; 제인 구달 저, 최재천 외 역, 〈인간의 그늘에서: 제인 구달의 침팬지 이야기〉, In the Shadow of Man, 사이언스북스, 2001.

전쟁 치르는 침팬지

1970년대 미시간대 동물연구팀은 침팬지가 잔인한 전쟁을 벌인다는 사실을 밝혀냈다. 초기 인류의 모습은 침팬지 사회와 다르지 않았을 것이다. 치열한 생존의 역사, 피의 역사를 거치면서 인간은 인간이 됐다.

wage war," 전쟁을 한다는군요. 인간과 다름없다고 합니다. 그룹과 그룹이 나뉘어 전쟁을 치르는데, 그 양상이 잔혹하다고 해요. 적을 공격할 때는 상대방을 갈기갈기 찢기도 한답니다. 위계를 세워 권력을 행사하고, 도구와 전략을 동원하고, 진영을 나눠 처절한 전투도 벌인다고 합니다. 이와 같은 연구로 미뤄볼 때, 초기 인류 모습은 침팬지 사회와 크게 다르지 않았을 겁니다. 치열한 생존의 역사, 피의 역사를 거치면서 인간은 인간이 된 것입니다. 루시에서 호모 사피엔스로, 호모 사피엔스에서 고대, 중세, 현대 인류로 이어지는 장구한 인간의 역사는 이들보다 더 치열한 생존의 역사를 겪었습니다. 격동의 진화 과정을 거치며, 지구촌 인간 군락communities을 만들어 왔습니다. 그들이 탄생시킨 씨족, 부족, 도시, 민족 국가는 그런 진화 과정의 일부입니다. 역사의 구원救援을 갈구한 인간의 정치적 피조물입니다. 여러분, 어떻게 생각하시나요. 슬픈 역사지요? 하지만 그 슬픔 속엔 또 다른 희망이 있었습니다. 인간은 피의 역사, 삶과 죽음의 공포 속에 늘 그것을 벗어나려고 노력해왔습니다. 고군분투해왔습니다. 인간 역사의 또 다른 반 토막, 알베르 까뮤Albert Camus[15]가 말했듯이, 사랑과 희원, 표현과 신뢰의 '인간적인 인간문화'를 만들어왔습니다.[16] 사진 소개가 너무 길었지요? 강연 배경으로 이해해주시기 바랍니다.

---

15 **알베르 까뮤** Albert Camus, 1913~1960 알제리 태생 프랑스 문필가, 철학자이자 인권운동가. 1957년에 노벨문학상을 받았다. 1942년 인간의 삶에 존재하는 부조리에 관한 이야기 〈이방인〉을 발표하면서 세계적인 명성을 얻었다. 개인적 자유 안에 침잠해 있는 허무주의 철학에 맞서는 데 생애를 바친 그의 시각은 '부조리 철학'(absurdism)으로 불린다. 그는 여러 작품들을 통해 부조리로 가득한 무의미한 세상에 맞서 치열한 삶을 살아가는 저항을 강조했다.

16 모르방 르베스크 저, 김화영 역, 〈알베르 카뮈를 찾아서〉, 나남출판, 1997.

보편에 대해:
'위대한 정치'의 종말

삶과 죽음의 무한한 공포.
'유한에 갇힌 무한의 존재'인 인간은 이 두 숙명,
아니 한 숙명을 받아들여야 하는 숙명을 안고 있다.
때로는 너무도 이기적인 마음으로, 때로는 너무나 무도無道한
방법으로, 또 때에 따라선 거룩한 마음으로 주어진 숙명의
도전과 응전을 거듭해온 것이 바로 우리 인간의 모습이다.
권모와 술수, 계략과 술책, 회한과 영원한 보편을 찾아
나서며, 몸과 영혼이 의탁할 관념, 혹은 이념세계를
만들어왔다.
군락과 부족에서 도시와 나라로, 신정과 왕정에서 국가와
민족으로 이어져온 정치 공동체의 진화에는 인간의
적나라한 모습이 배어 있다.
현대사회에 이르러 인간의 고군분투는 이념정치를 만들었다.
이념의 인과因果 사슬이 '또 다른 신'으로 대체됐다.
이른바 '위대한 이념의 정치세계,' 인간 역사의 종언을
고하는 것인가.

여러분은 삶과 존재의 의미를 찾으려 할 때, 무엇을 참조하십니까. 아마도 기성역사가 이미 만들어놓은 전통이나 가치, 규범을 참고하지 않을까 합니다. 이들이 현실을 구성하는 강한 자장磁場으로 작용하기 때문일 것입니다. 하지만 그 끌림의 영역을 넘어 충만한 자아와 마주하려면, 그 너머 세계에 대한 도전을 기획해야 합니다. 정치를 예로 들지요. 어제와 오늘의 정치에 대한 이해 없이 나의 현실적 정치 행보는 불가능합니다. 정치 현실이 우리의 행동반경을 구속하기 때문입니다. 경제, 사회, 문화 영역도 마찬가지입니다. 더욱 좁게는 여러분의 직업도 그렇습니다. 직업에 내재된 가치와 규범, 관습과 관행을 이해하지 못하면, 그 직업에 안착할 수 없습니다. 여러분의 사회적 선택은 그런 과정을 거치면서 구성됩니다. 그러나 그럴 경우, 사회적 선택은 있되, 내 선택은 없는 '상실의 순간'을 맛보게 됩니다.

비근한 예를 들어보지요. 여러분은 수년 내 취업도 하고, 결

혼도 해야겠지요? 또 앞으론 집도 마련해야 하고요. 이 모든 것이 평범한 젊은이가 갖게 되는 꿈이라 생각합니다. 하지만 이런 꿈을 다 이룬다고 해보지요. 그 다음에 돌아보면, 그것이 전부가 아니라는 사실을 느끼게 됩니다. "Is that all there is?"를 소재로 한 영화가 생각납니다. 이른바 세속적인 성공의 조건, 남들이 부러워하는 부와 직업, 배우자를 얻은 중년 남자가 방황하는 모습을 희극적으로 그린 영화입니다. 여러분 세대는 평균 수명이 100세 가까이 된다고 합니다. 여러분이 목적과 의식, 태도를 주체적으로 선택하지 않고, 그 긴 인생여정을 살아간다면 얼마나 허망하겠습니까? 앞서 언급한 뤽 페리의 〈신-인간, 혹은 삶의 의미〉에서 삶의 의미에 해당하는 부분을 상실하는 경우가 되겠지요. 선택을 이끄는 사회적 기제, 존재의 압박에 이끌려갈 경우, 그 너머 세계에 대한 꿈과 소망은 소멸되고 맙니다.

앞서 말했듯이, 경제 분야든, 사회 분야든, 아니면 삶 그 자체든, 내가 무언가를 분석하고 설명하고, 그에 따른 선택을 내리려 할 때 의식意識이 중요합니다. 의식이 행동과 결과를 초래하기 때문입니다. 그 의식을 대동할 때, 오직 현실에 이끌리는 의식, 그 하나만 있는 것은 아닙니다. 하나의 의식, 혹은 이념적 도그마에 빠지게 되면 시각이 고정됩니다. 분석에 오류가 일어나기 마련입니다. 여러분은 여러분 자신, 또는 친구, 지인을 분석해야 할 때가 있습니다. 그런 분석에 따라 자기 자신을 존중하고, 친구를 사랑하고, 지인을 존경하게 됩니다. 또는 반대의 경우도 있을 겁니다. 어떻든 이때 여러 가지 의식과 감정이 개입됩니다.

내가 사람을 바라보는 틀은 무엇인가. 그 틀이 잘못 설정되면 자신과 친구와 지인을 제대로 파악하지 못합니다. 자신과 타자를 바라볼 때 어떤 의식이 있어야 하는가. 아마 정답은 없을 겁니다. 도그마[17]에 빠지지 않는 한, 편견을 갖지 않는 한 정답은 없습니다. 그러나 정답에 근접한 틀, 나도 만족하고, 타인도 인정할 수 있는 틀을 만들어내는 노력은 중요합니다. 그런데 그 틀을 만드는 방법이 교과서나 책에는 없습니다. 교수님이나 부모님도 가르쳐주지 못할 겁니다. 또 누가 가르쳐준다고 해서 그 틀이 맞는 것도, 쉽게 체화體化할 수 있는 것도 아닐 테지요. 각자가 내면세계의 끊임없는 투쟁을 통해 스스로 터득해야 할 인생의 큰 과제입니다.

영화 〈매트릭스〉를 보신 분들은 느끼셨을 겁니다. 관념과

---

17 **도그마** dogma 교의, 교조, 교리로 번역된다. 일반적으로 비이성적이고 맹목적으로 신봉하는 명제나, 구체적 조건을 고려하지 않는 명제를 일컫는다. 본래 가톨릭교회에서 진리에 관한 불변의 정리(定理)로, 초자연적 계시를 표현한다.

현실 관계를 어떻게 설정하느냐가 중요합니다. 예컨대 자본주의 관점을 선택하면 자본주의 작동원리에 충실한 삶의 세계가 구성됩니다. 사회주의 관점을 택하면 사회주의가 내포하고 있는 여러 규범과 준칙, 가치와 제도가 현실을 이끌어갑니다. 이것이 관념과 이념 세계입니다. 우리가 지금 함께 살고 있는 지구화된 시장경제 이념도 마찬가지입니다. 우리가 사는 세계는 전 세계에 작동하는 시장경제가 요구하는 가치 기준에 의해 구성됩니다.

문제는 여기서 생깁니다. 현실은 과연 무엇인가. 강의를 할 때마다 저는 철학과 이론을 강조합니다. 학생들은 이렇게 질문하곤 합니다. "그것이 우리 삶과 어떤 관련이 있습니까? 직장을 구하고, 삶을 살아가는 것과 무슨 연관이 있습니까?" 비판적이고 냉소적인 반응, 많이 접했습니다. 이해합니다. 그러나 저는 현실에 스며 있는 관념세계를 성찰하는 것이 매우 중요하다고 봅니다. 우리가 누구에게 조언할 때, '주어진 현실을 직시하라'고 합니다. 누가 추상적인 이야기를 할 때는 더욱 그렇습니다. '현실을 직시하라.' '하늘만 올려다보지 말고, 발 딛고 있는 땅을 봐라.' 그런데 여기서 말하는 '땅,' '현실'은 무엇일까요. 과연 우리는 우리가 처해 있는 현실, 객관적 현실을 직시할 수 있을까요. 우리는 신이 아닙니다. 그렇기 때문에 우리가 처한 현실을 직시하기란 매우 어렵습니다. 불가능할지 모릅니다. 좋은 예가 될지 모르겠습니다만, '1 더하기 사랑'은 무엇일까요? '사랑 빼기 1'은 답이 있을까요? '1 곱하기 사랑 나누기 사랑' 역시 답이 없습니다. 1과 사랑의 사유방식, 그 조합의 무한한 가능성을 이해하는 것이 중요한 이유입니다.[18]

자연세계는 물론 다를 수 있습니다. 하지만 우리가 사는 인간 세상엔 항상 마음이 개입됩니다. 이 말이 뜻하는 것은 마음이 묻어 있는 현실은 절대화가 불가능하다는 것입니다. 객관적으로 인식하기 어렵다는 것입니다. 우리 마음속에는 분노를 비롯해 열정, 사랑, 행복, 좌절, 회한과 같은 수많은 감정이 존재합니다. 사람은 자신의 감정을 표현하며 현실세계를 구성합니다. 여러 사람의 '마음이 묻어 있는 현실'을 어떻게 직시할 것인가? 이런 현실을 어떻게 객관화, 보편화할 것인가? 답을 알고 있는 사람 있는지요? 이념세계, 특히 닫힌 이념세계의 오류 중 하나는 마음이 묻어 있는 현실세계를 객관화하려고 노력해왔다는 점입니다. 그런 시도 자체를 나쁘다고만 볼 순 없습니다. 불확실성을 줄이려는 것이 우리 인간 존재의 숙

---

18 관념과 현실 세계의 긴장 관계는 오래된 사회과학 논제다. 때로는 대립과 길항의 관점에서, 또 때에 따라선 예속의 관점에서 논의돼왔다. 양 개념에 관한 포괄적 성찰에 관해선 John R. Searle, *The Construction of Social Reality*, The Free Press, New York, 1995; Paul Watzlawick, ed., *The Invented Reality: How Do We Know What We Believe We Know? Contributions to Constructivism*, W. W. Norton & Company, New York, 1984; Roberto Mangabeira Unger, *False Necessity: Anti-Necessitarian Social Theory in the Service of Radical Democracy*, Verso, New York, 2004 참조.

명이니까요. 결론 부분에 다시 언급하겠지만, 우리는 모두 정치적 동물입니다. 동시에 동물을 넘어서려는 존재, 인간입니다. 나의 생리적 욕구 안에, 그 욕구 밖에, 무언가를 향하고 있습니다. 여기에 정치의 본질이 있습니다. 우리 모두는, 우리의 안과 밖에 존재하는 열림의 권역權域, 끌림과 벗어남의 자장 안에 있습니다. 웅거는 이런 인간의 모습을 "한정 속에 갇힌 무한정the infinite caught within the finite"이라 표현합니다. 하벨은 열린 우주에 속한 인간 특유의 능력 "초월성"에 주목합니다. 이 모두 의식의 개방성을 가리키는 말입니다.

다른 이야기입니다만, '나는 정치를 혐오한다. 그래서 나는 정치인처럼 살지 않을 것이다'라고 이야기할 수 있을 것입니다. 그러나 그것은 '정치인'처럼 살지 않겠다는 것이지 '정치'와 무관하게 살겠다는 의미는 아닐 겁니다. 나는 나를 표현해야 합니다. 표현하기 위해서는 다른 사람과 관계를 맺어야 합니다. 관계를 인식하고, 관계 속에서 자신을 실현해야 합니다. 타자와의 관계 속에서 나를 표현하고, 목표나 이익, 가치를 실현하는 것이 정치입니다. 그런 점에서 우리 모두는 정치인입니다. 결코 '여의도 국회의원'만이 정치인이 아닙니다. 넓은 의미에서, 또 본질적인 의미에서 '나와 너' 그리고 '우리 모두'는 정치인입니다. 삶의 무한한 가능성에 도전하는 정치인입니다.

오늘 첫 번째 소주제가 '위대한 정치의 종말'입니다. 위대한 정치란 앞서 말한 의미의 이념정치를 말합니다. 이념정치는 자기 포괄적self-containing 성격이 강합니다. 자기 포괄은 자기 스스로 조직하는 것과는 조금 다릅니다. 이념정치는 스스로 '진리는 이런 것'이라고 규정하려 듭니다. 단선적單線的 인과관계[19]가 특징입니다. 이념정치는 '사회가 이런 방향으로 나아갈 때, 구성원이 행복해진다'고 말합니다. '저쪽은 아니다, 틀렸다'고 말합니다. 좌와 우, 보수와 진보를 가리지 않고 이와 같은 폐쇄적인 인과관계 성향이 분명합니다. 이념정치는 각자 자신의 틀 안으로 들어가면 오류가 발생하지 않습니다. '1 더하기 1은 2'처럼 명백한 답이 있을 수 있습니다.

그러나 앞에서 언급했듯이 '사랑 더하기 1,' '사랑 더하기 사랑'에는 정답이 없습니다. 마음이 묻어 있는 현실세계에는 정답이 없습니다. 그래서 국가나 사회, 기업이나 대학과 같은 조직체, 공동체는 '사랑 더하기 1'과 같은 열린 가능성을 인정해야 합니다. 그것을 공감과 연민의 태도로 받아들이는 것이 현실세계를 가장 잘 반영한 자기 포괄적 실천, 혹은 정치일 것입

19 **인과관계** 선행하는 사실과 후행하는 사실이 원인과 결과 관계를 맺는 것을 의미한다. 이에 따르면 세상의 현상이나 사건에는 반드시 그것을 발생시키는 원인이 있고 원인이 없으면 현상이나 사건도 일어나지 않는다.

레닌과 혁명

이념정치는 스스로 '진리는 이런 것'이라고 규정한다. 이념정치는 '저쪽은 아니다, 틀렸다'라고 말한다. 이처럼 폐쇄적인 인과관계 성향을 가지고 있다.

니다. 하나의 정답은 있을 수 없습니다. 결정론에 비해 '영원한 비결정론의 우월優越'을 주장한[20] 과학철학자 칼 포퍼[21]의 말

---

20 **결정론** determinism**과 비결정론** indeterminism 모든 자연현상과 사회현상이 필연적으로 연관되고 인과적으로 제약돼 있다고 보는 세계관이다. 결정론은 사람들의 행동과 의지를 포함한 모든 현상이 객관적 인과율에 의해 제약된다고 주장한다. 이에 반해 비결정론은 물리현상 및 사회현상에서 인과관계가 완전치 않아, 우연이나 자유의지가 개입할 여지가 있다고 본다.

21 **칼 포퍼** Karl Raimund Popper, 1902~1994 오스트리아 태생 영국 철학자로 런던정경대학(LSE) 교수를 역임했다. 20세기 가장 영향력 있던 과학철학자 중 한 사람으로 꼽힌다. 사회 및 정치철학 분야에서도 많은 저술을 남겼다. 고전적 관찰과 귀납방법을 반대하고, '반증 가능성' 검증방법을 제시했다.

처럼, 인간사를 설명하는 데는 "비결정론도 충분치 않습니다 Indeterminism is not enough."[22]

학계 지인 한 분이 얼마 전 〈The Crack in the Cosmic Egg〉라는 책을 전해주셨습니다.[23] '우주라는 알에 금이 가 있는 현상에 주목할 필요가 있다'는 내용을 담고 있습니다. 한마디로 알 속에 완벽하게 갇힌 마음세계는 없다는 것이 이 책의 메시지입니다. 신념과 같이 완벽하게 차단된 세상은 치열하게 노력하지 않는 한 만들어내기 어렵다는 것이지요. 사람이 어떤 신념 체계를 갖게 되면 그것이 알이 됩니다. 그 알 속에 갇히게 됩니다. 신념 속에 나를 집어넣어야 하니까요. 그런데 그 신념 체계가 열린 신념 체계가 되려면 스스로 알을 깨고 나와야 합니다. 알 밖의 세상과 조우해야 합니다. 헤르만 헤세Hermann Hesse[24]의 소설 〈데미안Demian〉의 테마이기도 합니다.[25]

---

22 Karl R. Popper, *The Open Universe: An Argument for Indeterminism*, Routledge, London, 1988.

23 Joseph Chilton Pearce, *The Crack in the Cosmic Egg: New Constructs of Mind and Reality*, Park Street Press, Rochester, 2002.

24 **헤르만 헤세** Hermann Hesse, 1877~1962 독일계 스위스인 소설가 겸 시인, 화가. 1946년 노벨문학상을 받았다. 현대문명을 비판하고 기존 양식에서 벗어나 진정성, 자기 인식, 정신성을 추구하는 인간 개인을 다뤘다. 지성과 감성의 이중성과 동양 신비주의에도 많은 관심을 보였다.

25 Hermann Hesse, *Demian*, 1919.

제가 강의 때마다 종종 하는 이야기가 있습니다. 아인슈타인[26]의 '시각적 망상optical delusion'[27]입니다. 아인슈타인은 엄격한 과학자입니다. 20세기 '과학의 시대'를 상징하는 인물입니다. 그런 분이 "우리 모두는 과학자를 포함해 편견에 사로잡힌 존재다. 편견이 시각적 망상을 만들어낸다"고 합니다.[28] 그렇다면 편견과 그에 따른 시각적 망상은 왜 생기는 것일까요. 우리는 주변 환경으로부터 부단히 영향을 받습니다. 우리가 읽는 책, 우리가 접하는 철학과 이론, 우리가 받는 교육, 우리가 만나는 사람, 우리가 접하는 대중매체가 지속적인 영향을 줍니다. 이런 상황을 인정한다면 '내 사유가 절대 보편'이라고 주장할 근거는 없다는 것이지요. 그 너머 세계가 있기 마련입니다.

이 대목에서 여러분께 전달하고 싶은 메시지가 있습니다.

---

26 **알베르트 아인슈타인** Albert Einstein, 1879~1955 독일 태생 미국 이론물리학자. 특수상대성이론, 일반상대성이론, 광양자설, 통일장이론 등에 관한 논문을 발표하며 뉴턴 물리학을 넘어서는 지적 혁신을 일으켰다. 1921년에 노벨물리학상을 받았다. 독일에서 양심적 병역 거부, 무기개발 반대, 반나치 운동 등에 참여했다. 1933년 히틀러가 집권하자 미국으로 망명했다. 2차 대전 후에는 평화운동을 벌이기도 했다.

27 **시각적 망상** optical delusion "인간 존재는 우리가 '우주'라고 부르는 전체의 일부이며, 시간과 공간 속에 한정된 한 부분이다. 인간은 자기 자신, 자신의 생각과 느낌이 나머지로부터 분리돼 있는 것으로 인식한다. 이는 인간 의식이 빚어낸 일종의 시각적 망상이다. 망상은 우리에게 일종의 감옥과 같다. 우리를 개인적 욕망과 우리 가까이에 있는 소수 사람들을 향한 애정으로 제한한다. 우리는 우리가 품은 자비 범위를 모든 생명체와 아름다운 자연 전체를 감싸 안아, 우리 자신을 이 감옥으로부터 해방시켜야 한다." – 아인슈타인.

28 Peter Russell, *The Global Brain: Speculations on the Evolutionary Leap to Planetary Consciousness*, J. P. Tarcher, Inc., Los Angeles, 1983 참조.

좌든 우든, 보수든 진보든 각각의 관념, 혹은 이념 지향적 세계관 자체가 잘못됐다고 볼 순 없다는 것입니다. 좌는 좌 나름대로 옳은 길을 간다고 볼 수 있습니다. 우 또한 마찬가지입니다. 좋게 보면 좌와 우는 서로 투쟁하고, 갈등하고, 대립하면서 '더 나은 사회'를 만들어왔습니다. 이념정치는 결과적으로 인류사에 커다란 기여를 해왔습니다. 하지만 문제는 갈등의 씨앗이 여전히 남아 있다는 점입니다. 싸움의 양상이 심각하다는 점입니다. 사사건건 대립하는 과정에서 긍정과 부정의 측면이 동시에 노정됩니다.

이념정치는 아직도 알 속에 있는 상태입니다. 여전히 자신의 신념 속에서 오류를 인정하지 않으려 합니다. 대립 구도에서 벗어나지 못하는 이념정치는 서로 다른 조국과 민족, 국가와 사회의 번영을 말합니다. 하지만 그 틀을 넘어선 '인간 상생의 문제,' '인류 공동 번영의 문제'를 해결하기에는 역부족입니다. 그래서 '위대한 정치의 종말,' 혹은 '틀에 얽매인 정치의 모순'이 대두되고 있는 것입니다.

저는 여기서 이념정치의 긍정적 측면이 아닌 부정적 측면에 주목하고자 합니다. 나와 다른 이념정치가 내 틀에 들어오지 않으면 제압할 것인지, 아니면 이론적, 철학적, 문화적으로 수렴할 것인지. 선택의 문제를 다루고자 합니다. 사람이 만든

루스벨트의 환호

좌든 우든, 보수든 진보든 각각의 관념, 혹은 이념 지향적 세계관 자체가 잘못됐다고 볼 순 없다. 좋게 보면 좌와 우는 서로 투쟁하면서 '더 나은 사회'를 만들어왔다. 하지만 갈등의 씨앗은 여전히 남아 있다.

이념정치의 도구로 전락하지 않으려면 어떻게 해야 할까요? 이념의 늪에서 빠져나오기란 쉽지 않습니다. 하지만 그 폐해를 생각하면 벗어나야 하지 않을까요? 어떤 분은 현대 인류는 상상력 한계에 봉착해, 지금 이 순간 우리가 경험하는 관념과 이념의 현실세계가 우리의 미래를 지배할 것이라고 합니다.[29]

---

29 Francis Fukuyama, *The End of History and the Last Man*, Avon Books, New York, 1992.

과연 그럴까요? '현대 인류,' 혹은 더 넓은 의미의 인간의 또 다른 가능성, 또 다른 정치와 현실 문제를 다뤄보지요.

사람의 사람

현대사회와 현대문명.
그 안의 욕망의 질주.
두 편의 영화가 현대를 살아가는 사람들의 욕망과 절규,
소망과 구원의 이야기를 풀어간다.
"매트릭스"와 "아바타."
'풍요 속 빈곤,' '진보 속 좌절,' '희망 잃은 정치의 공허'를
안고 살아가는 오늘의 현대인은 두 영화가 써 내려가는
이야기 속으로 빠져든다.
"매트릭스"는 말한다.
과학과 지식의 자기 증식이 만들어놓은 '또 다른 미래
인간'은 우리 모두의 극복 대상이다.
현대문명의 자손 "아바타"는 묻는다.
현세에 우리가 이루지 못한 삶의 목적은 인간의 또 다른
세계, 가상세계가 주는 교훈에서 찾을 수 있지 않을까.
그러나 그 길은 쉽지 않다.
불가능한 일일지 모른다.
현세적 욕망에서 벗어난 우리들의 참모습에서 그 답을
찾을 수 있을 것인가.
문명의 영혼세계를 탄식하며, '인간적인 너무도 인간적인'
초인超人의 도래를 갈망했던 니체의 정치사상을 다시
한 번 만나본다.
현실의 가능성을 열어주는 현실과 사람의 대립,
그 의식세계가 희망의 단초일 수 있다.

여러분께 정치를 말하고 있는 저는 정치학에 대한 지식을 가지고 있습니다. 직장인은 자신과 관련된 기업과 시장에 대해 상당한 정보를 갖고 있습니다. 자영업을 하는 분은 자신의 경험에 비춰 영업 기법을 조리 있게 설명할 수 있습니다. 이처럼 우리 현대인은 직업을 갖게 되면 저마다 전문인이 됩니다. 여러분은 아직 직장인은 아니지만 상당한 지식과 정보를 가지고 전공을 말할 수 있을 겁니다. 예컨대 주주의 권한, 회계의 역할, 노조의 기능에 대해 조리 있게 설명할 수 있습니다.

전공 지식이나 직업적 경험과 무관한 아주 단순한 질문이 있습니다. "나는 누구인가." "사람은 무엇인가." 전공 공부를 아무리 많이 했다 하더라도, 또 자기 직업에서 높은 수준에 올랐다 하더라도 쉽게 답하기 힘든 문제입니다. 이런 물음을 불교에서는 화두[30]라고 하지요? "나는 누구인가." "나를 이끄는 그 무엇은 무엇인가." 이 질문에 자신 있게 답할 수 있는 사람

30 **화두** 話頭 불교에서 수행자가 깨달음을 얻으려고 참구(參究)하는 문제. 참선에 들어가기 전 처음 마음에 담는 말이다. 화두는 문자 그대로 말을 앞선 것, 언어 이전 소식이다.

이 있을까요? 우리는 정체성에 대해 자주 이야기합니다. 그런데 정체성이란 무엇입니까? 주민등록번호를 대거나, 아이디를 말해준다면 답이 될까요? 나는 지금 어느 대학 무슨 과에 재학 중이고, 내 부모님은 누구라고 답한다고 해서 문제가 해결될까요? 장래 희망, 선호하는 직업, 평생에 걸쳐 추구하는 눈에 보이는 목표가 있을 수 있습니다. 손에 잡히는 목표가 있을 수 있습니다. 하지만 그것이 '나'는 아닙니다. 또 나를 구성하는 여러 요소를 다 합한다고 해도 그것이 결코 '나'라고 확신하기는 어려울 겁니다. '나'는 무한한 확신의 과정, 미지의 심연深淵을 향해 열려 있는 존재입니다. 이런 이유에서일까요? 고승의 가르침은 이렇게 전합니다. "부처를 만나면 부처를 죽여라."

한 인류학자는 조금 다른 각도에서 이렇게 말합니다. "현대인은 자기 자신은 물론이고, 사람은 무엇인가 라는 문제 앞에서 사실상 무방비 상태에 놓여 있다."[31] 공감합니다. 현대인은 자기가 종사하는 직업에 대해 상당한 전문지식과 경험을 갖고 있습니다. 하지만 정작 "나는 누구인가"라는 질문 앞에선 어려움을 겪습니다. 자기 자신에 대해 관심이 없을 수도 있고,

31 F. S. C. Northrop, *Philosophical Anthropology and Practical Politics*, Macmillan, 1960.

실제로 자신에 대해 아무것도 알지 못할 수도 있습니다. 일상 생활이 바쁘게 돌아가기 때문에 그런 생각이 사치라고 생각할 수도 있습니다. 반대로 자기 자신에 대해 일정 견해를 가지고 있어도 구도하는 마음으로 수행을 거듭하는 분도 있겠지요. 어찌 됐든 우리는 개인 차원에서 '상실의 시대'를 살고 있습니다. 그리고 이 개인 차원의 상실이 공동체 차원으로 이동하면, 그 심각성이 더해집니다.

최근 미국 시카고대 원로 교수 마사 너스봄Martha C. Nussbaum[32]이 책을 냈습니다. 〈Not for Profit: Why Democracy Needs the Humanities〉란 책입니다.[33] 책 내용을 길게 소개하진 않겠습니다. 다만 인간을 이해하는 데 필수적인 인문人文, 그것의 공동체적 함의를 너스봄의 지적과 함께 전하려고 합니다.

대학은 여러분의 잠재력과 재능을 키워 여러분이 저마다 자기 삶을 성취할 수 있도록 교육합니다. 대학이 전문지식을 가르쳐야 여러분이 성공적으로 사회에 진출해 생업에 종사할 수 있습니다. 이른바 대학에 주어진 사회적 책무이자, 소명입니

---

32 **마사 너스봄** Martha C. Nussbaum, 1947~ 미국의 철학자로 고대 그리스 및 로마 철학, 정치철학, 윤리학에 특별한 관심을 갖고 있다. 현재 시카고대학에서 법학과 윤리학을 강의하고 있다.

33 Martha C. Nussbaum, *Not for Profit: Why Democracy Needs the Humanities*, Princeton University Press, Princeton, 2010.

다. 그러나 너스봄의 견해는 조금 다릅니다. 대학이 제공하는 고등교육이 학생 개인의 영달과 성취, 그리고 경제 성장에만 편중된다면 우리는 많은 것을 잃게 된다고 합니다. 시민사회와 국가사회, 나아가 인류사회가 매우 건강하지 못한 국면을 맞을 것이라고 경고합니다. 민주주의가 후퇴하고, 자유, 인권, 정의와 같은 인류 보편 가치가 쇠락할 위험에 처하게 된다고 합니다. 나를 이해하는 인문의 중요성을 강조하는 것입니다. 오늘을 살아가는 대학인 모두가 되짚어야 할 고등교육의 현주소입니다.[34]

이처럼 '나는 누구인가,' '왜 존재하는가'에 대한 물음은 개인 차원이든 공동체 차원이든 매우 중요한 문제입니다. 물론 이에 대한 답을 구하려는 노력은 오래전부터 있었습니다. 그런데 왜 하필 이 시점에 또다시 사람에 대해 생각해야 하는 것일까요. 사람마다 다를 것입니다. 하지만, 저는 오늘 이 자리에서 우리에게, 정치에게 절실한 '개혁과 혁신'의 방향성을 찾기 위해서 라고 말하고 싶습니다.[35] 우리 모두가 인지하는 '집

34 최근 몇 년간 하버드대학교의 교양과정 개편과 Drew Gilpin Faust 총장의 인문학 강조가 눈길을 끈다. Drew Gilpin Faust 총장의 연설문 'The Role of the University in a Changing World' (The Royal Irish Academy, Trinity College, Dublin, 2010) 참조.

35 조인원, 존 던, 존 아이켄베리, 〈정치의 미래, 그 이상향을 탐색하다〉, 경희대학교 미래문명원, 2008 참조.

단적 몰가치의 시대,' 혹은 '이념의 진부성'을 풀어가기 위해 정체성에 관한 물음은 묻고 또 물어도 문제될 것이 없습니다.

현대와 현대인에 대해 깊이 고민했던 사람 중에 니체Friedrich Wilhelm Nietzsche[36]라는 철학자가 있습니다. 니체는 사람, 더 정확히는 대중과 군중의 틀 지어진 사유에 대해 큰 의문을 품었습니다. 앞에서도 살펴보았듯이, 사람들은 주어진 이념과 관념, 혹은 정신의 틀 속에서 획일적으로 사고하는 경향을 보입니다. 무리의 힘에 대한 맹신 혹은 이익 때문일까요? 아니면 경제학에서 이야기하는 '기회비용opportunity cost'[37]이나 '할인율discount rate'[38] 때문일까요? 뭔지는 잘 몰라도, 좌와 우가 대표적인 예로 보입니다. 틀을 넘어선 변화와 혁신은 낯설고 불편해 하면서 회피하려고 합니다. 니체는 이

---

36 **프리드리히 니체** Friedrich Wilhelm Nietzsche, 1844~1900 독일의 철학자이자 시인. 스스로 '망치를 든 철학자'를 자처하며 서구 근대가 이어받고 있는 플라톤 철학과 기독교적 도덕주의를 비판했다. 근대인에게 보편적이라고 믿어진 가치, 선악의 판단근거를 이루는 도덕의 발생과 기원을 추적해, 그 가치와 도덕이 고정불변하거나 보편적이지 않음을 역설했다. 맑스, 프로이트와 더불어 20세기 사유를 새롭게 연 사상가로 꼽힌다. 특히 1960년대 이후 등장한 포스트모던 철학에 큰 영향을 주었다.

37 **기회비용** opportunity cost 20세기 초 오스트리아 경제학자 비저(Friedrich von Wieser)가 도입한 개념. 하나의 재화를 선택했을 때, 그로 인해 포기한 다른 재화 가치를 말한다. 어떤 생산물에 들어가는 비용을, 그 생산으로 단종한 다른 생산 기회의 희생으로 보는 개념이다.

38 **할인율** discount rate 돈의 가치는 시간 흐름에 따라 인플레이션 등에 의해 변화되는데, 할인율이란 미래 가치를 현재 가치와 같게 하는 비율이다. 이에 반해 수익률은 현재 가치의 미래 가치 비율을 말한다. 통상 이자율이 올라가면 나중에 더 많은 수익을 얻기 때문에 수익률이 증가하며, 미래 가치를 현재 가치와 일치시키는 비율도 높아지기 때문에 할인율도 상승한다.

런 상황에서 '생철학'[39]을 제시합니다. 생生은 발생 혹은 생각을 의미합니다. 〈짜라투스트라는 이렇게 말했다〉, 〈인간적인 너무도 인간적인〉, 〈도덕의 계보〉, 〈선악을 넘어서〉 등과 같은 저서에서 이 생철학을 개진합니다. "힘에 의지," "영겁 회귀," "초인"에 관한 담론이 이들 저작에 거듭 나타납니다. '신은 죽었다.' '인간도 죽었다.' 절규에 가까운 영혼의 외침이 니체가 살았던 단단한 관념사회에 허망하게 메아리쳤습니다.[40]

니체는 큰 사회적 반향 없이 19세기를 살다 갔습니다. 그런데 사후 100여 년이 지난 20세기에 재조명 받기 시작했습니다. 수많은 모순과 왜곡을 안고 있는 현대 이후의 삶, 포스트모더니티post-modernity 혹은 트랜스모더니티trans-modernity를 어떻게 준비해야 할 것인가 라는 문제와 더불어 다시 태어났습니다. 동물적 본능인 힘에 의지, 우주의 요체인 영겁과 환생의 의미와 함께 '벗어나고 넘어서는' 생명의 또 다른 사건, 초인에 대한 관심을 높였습니다. 학계와 문화예술계, 그리고 일반

---

39 **생철학** 生哲學 '생'을 근본으로 삼는 철학. 합리주의나 과학적 기계론을 반대하며, 직관, 체험, 감정, 의지 등을 강조한다. 생철학에 따르면 생은 자유롭게 활발하게 움직이며 끊임없이 새롭게 표현된다. 쇼펜하우어, 키에르케고르, 니체, 베르그송 등이 주장하는 철학이다.

40 프리드리히 니체, 〈짜라투스트라는 이렇게 말했다〉(1885), 〈인간적인 너무도 인간적인〉(1878~80), 〈도덕의 계보〉(1887), 〈선악을 넘어서〉(1886) 참조.

사회에서도 핵심적인 사안으로 떠올랐습니다.

많은 분들이 보셨겠지만, 영화 〈매트릭스〉와 〈아바타〉는 총알을 멋지게 피한다거나 공상세계를 구현하는 3D영상이 훌륭하다는 것 때문에 의미가 있는 것은 아닙니다. 두 영화는 '우리가 가상세계라고 말하는 미래현실이 혹 지금 우리가 살고 있는 현실이 아닐까'라는 의문을 갖게 합니다. 우리가 생각하는 현실은 역사성 속에서 만들어집니다. 장구한 시간에 걸쳐 진화합니다. 앞서 언급한 오스트랄로피테쿠스가 출현한 이래 인간이 의도적으로 인간이 되려고 한 그 순간부터 만들어진 역사,[41] 그 이전 역사도 포함시킬 수 있겠지요. 이처럼 유구한 역사의 누적, 집적을 우리는 현실이라고 일컫습니다.

또 다른 예를 들겠습니다. 편의점에 들어가 콜라를 한 병 사면서 '내가 왜 이 돈을 내야 하나'라며 고민하는 분 계십니까? 영화표를 끊으면서 '왜 표를 사 들고 들어가야 하지'라고 자문하는 사람이 있을까요? 누구도 이런 고민은 하지 않습니다. 제품이나 서비스를 이용할 때 일정한 금액을 지불하는 것을 당연하게 여깁니다. 자본주의 역사가 만들어온 사회 규범이자

41 Ian Tattersall, *Becoming Human: Evolution and Human Uniqueness*, Harcourt, Inc., 1998.

매트릭스 The Matrix
워쇼스키(Wachowski) 형제가 만든 3부작 SF 영화다. 인간이 기계에 의해 양육되는 22세기 말의 세계를 배경으로 하고 있다. 1999년 〈매트릭스〉가 첫 개봉된 이래 2003년에 〈애니매트릭스〉, 〈매트릭스 리로디드〉, 〈매트릭스 레볼루션〉이 잇달아 발표됐다.

문화이고, 제도이기 때문입니다. 현실은 우리가 인지하지 못하는, 또는 인지하지 않아도 무방한 의미로 가득 차 있습니다. 장기간 진화 과정을 거쳤기 때문에 그 많은 의미를 속속들이 파악할 수도 없습니다. 사람이 그 많은 의미, 총체적 의미를 어떻게 다 파악하겠습니까. 만일 현실의 의미를 온전히 파악하려고 하다가는 자멸할지 모릅니다. 문제는 이런 추세와 현실 속에 우리가 살아간다는 것입니다. 우리가 함께 믿는 이념

아바타 Avatar

제임스 카메론(James Francis Cameron) 감독이 제작해 2009년에 발표한 SF 영화다. 2154년 지구인은 에너지 고갈 문제를 해결하기 위해 멀리 떨어진 행성 '판도라'에서 대체 자원을 채굴하기 시작한다. 그러나 판도라에는 오래전부터 '나비족'이라는 토착민이 자연과 어우러져 살고 있다. 지구인은 산소 마스크 없이는 살 수 없는 판도라에서 자원 획득을 용이하게 하기 위해 나비족 외형에 인간 의식을 주입해 원격 조종이 가능한 '아바타'를 탄생시킨다.

과 신념, 그리고 그들이 표현하는 세상이 현실 '그 자체'는 아닐지 모른다는 점입니다. 앞서 말한 두 영화도 '우리가 가상세계에 살고 있을지 모른다'는 메시지를 강하게 표현하고 있습니다. 경계와 매듭이 모호한 가상과 현실의 혼란, 그 현실을 말합니다.

이런 이야기는 우리를 또 다른 상상의 세계로 초대합니다.

의미세계로 초대합니다. 우리가 갇혀 있는 현실이라는 '알'을 깨고 나가 좀 더 나은 나를 찾을 순 없을까. 좀 더 나은 세상을 만들 순 없을까 라는 고민을 하게 합니다. 앞에서 말씀드린 〈The Crack in the Cosmic Egg〉에서 'crack'은 '균열'입니다. 균열은 사회과학에서 말하는 '일탈사례deviant case'[42]에 비유할 수 있습니다. 혹은 평범한 말로 '변화의 물꼬,' '창조의 틈' 같은 것을 환기시키기도 합니다. 이런 계기들이 모여 사람과 세상의 변화를 촉발시켜왔습니다. 전환과 변환의 역사를 만들어왔습니다. 사람이 알 속에 안주해 있었다면 변화는 없겠지요. 세상은 전혀 변하지 않았을 겁니다. 알 속의 존재는 아마도 루시처럼 박물관에 이미 자리 잡았을 수도 있습니다. 다행히 우리 인류는 전환과 변전의 물결과 함께 끊임없이 선택을 모색해왔습니다. 창조와 구축을 거듭하며 '변화의 파노라마'를 만들어왔습니다.

사람인 우리는 지금까지 어떻게 살아왔는가. 그리고 어떻게 살아갈 것인가. 한마디로 '사람의 사람'을 끊임없이 만들어가는 여정에 우리는 어떤 가치를 품고 가야 하는가. 중요한 물음

---

42 **일탈사례** deviant case 사회현상에서 매우 드물고 특이한 사례나, 기존 법칙에서 벗어나 예외로 드러나는 사례다. 극단사례(extreme case)라고도 불린다. 연구자는 연구대상인 현상에 대한 이해를 깊게 하고 연구 신뢰를 높이기 위해 일탈사례를 찾아낸다.

입니다. 이제 '기성정치,' 혹은 '현실정치'를 벗어나, 또 다른 정치와 관련된 마음과 영혼, 의식의 지평을 함께 논했으면 합니다.

모든 것이 정치?:
희망은 어디에

정치에서 답을 찾을 수 없다면, 정치는 버려야 하는 것일까.
불행히도 정치는 인간 그 자체다.
벗어나려 해도, 넘어서려 해도, 우리 몸과 영혼 속에 너무도 깊숙이 자리 잡고 있다.
정치의 제거는 곧 절명이다.
유일한 희망은, 인간의 숙명은 바로 이 비극적 현실을 온몸으로 끌어안는 것이다.
내 안의 모든 것이, 내 밖의 '모든 것이 정치'인 이 엄연한 현실세계에서 정치는 어떤 길을 찾아 나서야 하는 것일까.
137억 년 전 진화의 기원, 앎의 기원, 모름의 기원을 함께 만들어온 신비로운 '무無의 요동搖動 fluctuation of nothingness'이 그 해답을 쥐고 있는지 모른다.
자연과 우주의 총체인 사람은 사람을 알고, 느끼고, 만들어가는 '이성과 감성, 연민'의 실천 연대로부터 그 답을 찾아 나서야 하지 않을까.

잠시 다시 한 번 정치의 현실로 돌아가보지요. 안타까운 일이긴 하지만, 앞서 말씀드린 기사분의 이야기처럼, 우리 사회에서 정치학을 전공하는 분들은 큰 관심의 대상이 아닙니다. 정치는 이보다 상황이 더 안 좋지요? 존경 받는 정치인이 매우 드물어 보입니다. 존경은 차치하고, 많은 사회적 현안을 둘러싸고 비난 받기 십상입니다. 그런데 우리가 정치를 비난하는 것만이 능사일까요. 정치를 한번 패권과 쟁취, 투쟁의 개념에서 벗어나 사람들의 자기 표현이라는 관점에서 바라보지요. 정치에서 다른 의미를 찾을 수 있습니다.

우리 스스로 표현을 만들고 드러내는 과정, 혹은 그 표현을 함께 나누고, 숙의하고, 공감과 합의를 이뤄내는 과정으로 정치를 이해한다면 정치는 전혀 다른 모습으로 다가섭니다. 우리들의 불만에 찬 역사를 써 내려온 주체가 흔히 이야기하는 정치입니다. 하지만 잘못된 역사를 개선할 주체도 정치입니다. 그것을 잊어서는 안 됩니다. 정치는 극과 극, 두 얼굴을 가지고 있습니다. 일을 저지르는 것도, 개선하는 것도 현실 차원에선 정치의 몫입니다. 그리고 몫 안에는 다양한 조합이 가능합니다. 이런 차원에서도 우리는 정치를 재조명해야 합니다. 인간이 인간으로 남기 위해 끌어안아야 할 숙명입니다.

더 나은 정치. 우리 모두의 바람이겠지요. 그런데 그 바람은 역사 이래, 혹은 최소한 한국의 근대 정치 틀 내에선 쉽게 찾을 수 없습니다. 대학원 시절, 1980년대에 읽은 책을 소개하겠습니다. 임마누엘 월러스타인Immanuel Wallerstein[43]의 〈The Modern World System〉, 〈The Capitalist World Economy〉[44]입니다. 세계 체제, 우리를 구속해온 자본주의 세계를 천착한 책입니다. 월러스타인은 이 책으로 미국사회학회가 수여하는 Career of Distinguished Scholarship Award를 수상하기도 했습니다. 뉴욕주립대학교에 오래 재직하다가 원로가 된 후에 프랑스로 근거지를 옮겼습니다. 프랑스로 건너간 뒤 휴머니티와 시스템에 관한 연구기관을 이끌며, 또 다른

---

43 **임마누엘 월러스타인** Immanuel Wallerstein, 1930~ 사회학자인 월러스타인은 '세계 체제론'(world system theory)으로 학계 주목을 받았다. 16세기 이후 세계 경제 발전을 '세계 체제'라는 개념을 통해 설명한다. 그에 따르면 우리 세계는 경제적 교환관계의 복잡한 네트워크로 연결된 하나의 '세계 경제' 또는 '세계 체제'다. 그 안에서 자본과 노동이 양분되고, 국가를 비롯한 경쟁 주체 간 끊임없는 자본 축적이 일어난다.

44 임마누엘 월러스타인 저, 김명환, 유재건, 이동기 역, 〈근대세계체제 1~3〉, The Modern World System, 까치, 1999; Immanuel Wallerstein, *The Capitalist World-Economy*, Cambridge University Press, Cambridge, 1979.

인식의 지평을 열었습니다.

그런 그가 새 책을 냈습니다. 〈유토피스틱스*Utopistics: Or, Historical Choices of the Twenty-first Century*〉라는 책입니다.[45] 과거 저작과 큰 시각 차이를 보입니다. 과거 저작은 '준엄한' 사회과학적 인과론에 입각해 있습니다. 그 틀과 함께 세계 체제, 특히 자본주의 체제가 어떻게 변할까, 혹은 변하지 않을 것인가 라는 문제에 주목했습니다. 그가 과거 내놓은 답은 체제가 그 안의 역동성을 지배해, 이와 함께하고 있는 행위 주체는 체제가 명령하는 기능을 수행할 뿐이라고 했습니다. 이런 문제의식과 함께, 월러스타인은 사회주의 체제가 붕괴되기 십여 년 전 사회주의 미래를 예측한 것으로도 유명합니다. 자본주의 진화 과정에서 일탈현상으로 나타난 사회주의 체제는 곧 무너지게 돼 있다고 본 것이지요. 여러분 세대에게는 낯설겠지만, 주변부, 반주변부, 중심부[46]라는 용어도 그가 만들었습니다. 주변부가 반주변부로 진입하기란 매우 어렵다고 합니다. 반주변부

---

45 Immanuel Wallerstein, *Utopistics: Or, Historical Choices of the Twenty-first Century*, The New Press, New York, 1998.

46 **주변부, 반주변부, 중심부** 월러스타인의 세계 체제론은 세계를 하나의 사회 체제로 설정해, 중심부와 주변부의 비대칭 관계를 설명하는 이론이다. 세계 경제의 중심부는 서유럽이며, 그 바깥에 흔히 제3세계라고 불리는 주변부가 둘러싸고 있다. 중심부와 주변부 사이에는 반주변부가 위치한다. 중심부와 반주변부, 주변부는 착취와 예속 관계다. 제3세계 빈곤을 이 지역이 수백 년 동안 중심부 착취를 받아온 주변부이기 때문으로 설명한다.

가 주변부로 진입하는 것도 거의 불가능하다는 것이 그의 입장이었습니다. 한국이 그간 많은 노력을 기울여왔지만, 아직 선진국 문턱에서 머뭇거리는 이유도 그 때문이라고 이해할 수도 있습니다.

이와는 상반된 시각을 펼친 것이 새 책 〈유토피스틱스〉입니다. 그 책에서 내린 결론은 과거와 달리 유연합니다. 희망적이기도 합니다. 현재 우리가 경험하는 글로벌 시스템은 오류가 일어날 가능성이 매우 농후하다고 합니다. 환경, 자원, 인권, 자유 등이 안고 있는 문제는 체제 문제, 국가nation state 문제로만 풀어갈 수 없다고 합니다. 자본주의 체제의 역동성도 그런 의미에서 큰 연관성을 갖지 않는다고 합니다. 국가와 사회, 국경을 넘어 존재하는 사안들이 바로 앞서 이야기한 그런 유의 문제이기 때문입니다. 그 대신 개인과 집단행동individual and collective action이 점차 인간 의제와 정치 주역으로 떠오르게 된다고 합니다. 곧 온다는군요. 앞으로 25~50년 사이, 새 시대가 도래할지 모른다고 합니다. 그 시대를 여러분 세대는 맞이할 것입니다. 아무튼, 새 정치, 새 인류는 이 시대를 준비해가야 한다는 것이 책의 요지입니다.

어떤 체제에 확고부동하게 귀속돼 있는 개인과 집단은 월러스타인의 말처럼 이제 점차 사라져갈지 모릅니다. 인류와 지구를 둘러싼 수많은 문제들이 국가와 민족의 배타적 정체성 정치만으로 풀기 힘들기 때문입니다. 소통하고 교류하는 가운데, 공동 대처가 필요합니다. 그리고 그 가능성은 열려 있습니다. 적절한 예가 될지 모르겠습니다. 여러분은 아직 부모 세대로부터 완전히 독립한 분이 많지 않지요? 그렇지만 부모, 혹은 기성세대와 동일한 가치관으로 삶을 살아가진 않을 겁니다. 또 요즘 부모 세대는 그들의 가치관을 자녀 세대에게 강요하지도 않는 것 같습니다. 이와 같은 사회문화 분위기가 새 가능성을 열 것으로 보입니다. 앞서 말씀드린 체제의 개방성 문제처럼, 정체성 근간이 열리고 있습니다. 더 자유로운 자기 표현이 가능해졌습니다. 그 방향에서 정체성 문제가 펼쳐지지 않을까 합니다.

그것이 사실이라면, 정치엔 큰 변화가 있을 겁니다. 인류가 경험하지 못했던 일입니다. 근자에 들어 '세상은 평평하다The world is flat'는 논제와 함께 빠르게 진행되는 지구적 담론의 장, 인터넷 공간은 이 변화를 이끌 것으로 보입니다.[47] 그러나 이런 시대 추세와 함께 우리가 주목해야 할 일이 있습니다. 자기 표현이 배타적인 자기 만족 수준에서 멈춘다면 큰 의미가 없다는 점입니다. 혼란만 야기할 수 있습니다. 자기 만족이란 달

---

47 Thomas L. Friedman, *The World is Flat: A Brief History of the Twenty-first Century*, Farrar, Straus and Giroux, New York, 2005.

힌 구도는 그것이 개인이든, 국가든, 정치든 대립과 충돌을 불러일으킬 공산이 크기 때문입니다. 그 어느 때보다 접속과 소통 기제가 지구적으로 확산되고 있습니다. 세기의 축복입니다. 축복의 핵심은 타자와의 연결망 속에서 자신을 표현하는 데 있습니다. 공감과 합의의 틀을 개방적, 능동적으로 모색하는 데 있습니다. 또 다른 각도에선 이 변화가 재앙이 될 수도 있습니다. 폭발적으로 확산되고 있는 접속과 소통은, 어지러운 비난과 혐오, 조작과 폄하의 또 다른 인터넷 증후군이 말해주듯이, 더 많은 갈등을 야기할 수 있습니다. 이런 추세와 함께 개인이 타자, 공동체와의 연관성 속에서 사회변화, 정치변화를 구성해야 하는 것이 미래사회, 21세기 지구사회가 요청하는 또 다른 규범이 아닐까 합니다.

우리는 인생의 활로를 개척해가기 위해 어떤 의식을 선택해야 합니다. 의식에는 여러 종류가 있습니다. 타자를 향해 열린 의식이 있는가 하면, 닫힌 의식도 있습니다. 매우 전략적인 의식도 있겠지요. 합리와 비합리를 따지는 의식부터, 마키아벨리Niccolò Machiavelli[48]가 말했듯이 권력 쟁취를 위해 계략과 획책을

---

48 **니콜로 마키아벨리** Niccolò Machiavelli, 1469~1527 르네상스 시대 이탈리아 철학자, 정치 및 전쟁 이론가다. 도덕 관념으로부터 정치 영역을 분리해 근대 정치사상의 아버지로 평가 받는다. 대표적인 저서 〈군주론〉에서 정치 목적과 결과가 수단, 방법을 정당화한다고 주장했다. 이후 국가 운영이나 일반 행위에서 속임수와 표리부동한 방법을 동원하는 것을 냉소적인 의미에서 '마키아벨리즘'이라고 부른다.

동원하는 의식도 있습니다. 이와는 대조적으로 자신을 반성하고, 성찰하면서 '더 나은 나'를 지향하는 의식도 있습니다. 이성과 감성의 조화, 희망과 연대를 모색하며, 타성과 보존을 넘어서려는 그런 의식도 있습니다.

미래와 관련해 어떤 의식을 선택할 것인가의 문제는 전적으로 각자의 몫입니다. 기성 현실정치를 넘어, 또 다른 정치의 미래를 불러오는 것은 우리들, 특히 여러분과 같은 젊은 세대의 몫입니다. 여러분은 대학 생활을 하는 동안 저마다 큰 꿈을 키워갑니다. 그 과정에서 여러분과 함께할 의식에 대해 고민이 많았을 줄 압니다. 각자 성공하고, 발전하고, 행복해야 한다는 의식을 많이 키웠을 겁니다. 중요합니다. 무엇보다 개인의 성취와 만족은 중요합니다. 하지만 타자와 공동체에 대한 배려, 연민 없이 그것이 지속가능할까요? 삶의 역사가 말하듯이 우리는 이기적인 꿈을 이룰 수 있을 것입니다. 하지만 장기적인 차원에서 그 꿈이 격랑 없이 유지될 수 있을까요? 특히 민주주의가 살아 있는 나라 정치 차원에선 불가능해 보입니다. 치열한 현실론자인 마키아벨리의 지적처럼 '군주와 권력'도 덕성virtue[49]에 기반해야 유지될 수 있습니다. 우리나라 예를

---

49 **덕성** virtue 마키아벨리는 기존의 덕 개념을 탈피해 정치 영역의 도덕과 사회 영역의 도덕을 구분했다. 그가 말하는 '덕'(virtue)은 우리가 흔히 알고 있는 '덕'(德) 의미와는 다르다. 중세 기독교

들면, 지난 반세기여 지속된 산업화 여정에서 배타적 이익, 혹은 정경유착 고리가 한 시대를 풍미할지언정 오래가지 못합니다. 지속가능한 역사 흐름을 만드는 것은 상생 기틀을 만드는 일입니다. 이를 위해 헌신하는 의식을 키우는 것입니다. 개인도 마찬가지일 것입니다. '이윤과 인류'란 화두와 함께 성공한 기업인 빌 게이츠를 우리가 주목하는 이유도 여기에 있을 것입니다.[50]

미국 하버드대엔 필립스 브룩스 하우스Phillips Brooks House란 건물이 있습니다. 19세기에 활동한 필립스 브룩스Phillips Brooks[51]라는 분을 기념하는 건물입니다. 그 대학 학생들의 사회봉사와 공적 책임을 구현하는 다양한 기능을 하고 있다고 합니다. 하버드가 오늘에 이르기까지 기리는 브룩스가 남긴 어록 중에 이런 내용이 있습니다. "사람들은 이기심selfishness에 기초해 행동반경을 정한다. 그것을 나쁘다고만 할 수 없다. 인간은 이기

사상가들은 군주의 덕으로 겸손, 자선, 정직함을 요구했지만 마키아벨리는 활력, 단호함, 대담함을 강조했다. 이러한 군주의 덕이 정치 체제 안정을 위해 필요하다고 보았다.

50 Bill Gates, Microsoft co-founder, Remarks, Harvard's 356th Commencement, 2007 참조.

51 **필립스 브룩스** Phillips Brooks, 1835~1893 미국의 성직자 겸 작가. 청중의 삶 깊은 문제까지 파고들어가 인격 변화를 도모하는 설교를 했다. 그가 1877년에 예일대학에서 행한 설교학 강의는 당시 미국 교계에 파장을 일으켰다. 이후 하버드대학을 비롯한 여러 신학교에서 교수직을 제안했지만 모두 거절하고 보스턴 삼위일체교회에서 22년간 성직자의 길을 걸었다. 말년에 미국 성공회 매사추세츠 주교를 지냈다.

필립스 브룩스 하우스 Phillips Brooks House

적이어야 나 스스로를 보존할 수 있기 때문이다. 그러나 그것만으로 만족을 누리는 사람은 없을 것이다. 공익을 향해 자의식이 열릴 때만이 인간은 '충만감'을 누릴 수 있다."[52] 인간의 인간 되기를 말하는 적절한 성찰입니다. 그렇다면 무엇으로 부족분을 메우며 충만한 인간으로 거듭날 수 있을까요. 브룩스의 지적처럼 공중이익과 공적 실천이 중요해 보입니다. 보

52 Drew Gilpin Faust, 'The Role of the University in a Changing World,' speech to the Royal Irish Academy at Trinity College in Dublin, 2010 참조.

편과 정의를 향한 우리들의 열정이 필요해 보입니다. 우리는 더 나은 나를 위해 나의 이해관계가 타인과의 관계에서 용인될 수 있는가를 물어야 합니다. 이기심이 공동체 안에서 합의와 공감을 도출할 수 있는가 스스로 질문을 던져야 합니다. 이와 같은 마음가짐은 우리가 살고 있는 비좁은 한국뿐 아니라 더 넓고 큰 차원에서도 시급하게 요청됩니다. 우리보다 더 큰 고통을 받는 세계 여러 나라와 민족을 위해 타자에 대한 배려가 요구됩니다. 기아와 질병, 유린과 학대, 심지어 깨끗한 물 한 모금의 처절한 시련을 겪고 있는 인류를 향해 손을 내밀어야 합니다. 인류애를 꿈꾸는 공동체, 지구적 차원의 연대와 실천이 필요합니다.[53]

얼마 전 우리 대학 평화의 전당에서 개최된 마이클 샌델 Michael J. Sandel[54] 교수의 '정의론' 강의는 '하나의 사건'이었습니다. 저도 신선한 충격을 받았습니다. 저는 다른 일정으로 지방에 내려가 강의를 듣진 못했지만, 수많은 분들이 자리를 함께 했다고 합니다. 강연회 준비 단계에서는 천 명 정도 참석하면

---

53 기아, 질병, 인권, 평화, 자원, 환경, 기후변화와 같은 인류 보편의제는 전통적으로 UN, UNESCO와 같은 국제기구, 그리고 삶의 현안과 문제해결을 위한 국제 NGO 협의체의 주된 관심사다. 특히 최근 반기문 UN 사무총장의 리더십과 함께 설립된 United Nations Academic Impact(UNAI)는 지구의 제 해결을 위한 학술기관의 지구적 연대를 모색하고 있다. 인류와 지구의 더 나은 미래를 위한 실천·봉사를 강조하는 이 기구는 지구촌 인류사회의 인식 공동체를 만들어가는 데 기여하고 있다.

54 **마이클 샌델** Michael J. Sandel, 1953~ 정치철학자이자 하버드대학 교수다. 미국 사회가 안고 있는 사회적 병폐의 근본 원인은 만연된 개인주의와 자유주의라고 주장하는 그는 존 롤스의 〈정의론〉을 공동체주의 관점에서 비판한다.

성공이라고 기대했었다고 합니다. 그런데 막상 신청자를 확인해보니 5천 명 가까이 쇄도했다고 합니다. 평화의 전당이 4천 5백 석이라, 미처 입장하지 못한 사람들은 밖에서 강연을 듣기도 했다고 합니다. 청중 숫자뿐 아니라 청중이 다양한 세대에 걸쳐 있어서 더욱 의미 있어 보였습니다. 연로하신 분들에서부터 중년층에 이르기까지, 여러분과 같은 대학생에서 고등학생에 이르기까지 다양한 세대가 모여 '정의론'을 경청한 것입니다. '세대 공감'이라 말해도 무방하겠지요. 샌델 교수의 책은 40만 부가 판매됐다고 합니다.[55]

왜 우리 사회는 '정의'에 열광하는 것일까요. 소식에 의하면, 우리 사회뿐 아니라 전 세계 수많은 시민들이 이 딱딱한 주제, 정의에 폭발적인 관심을 보인다고 하는데, 왜일까요. 여러 해석이 가능하겠지만, 저는 이렇게 봅니다. 기성정치, 체제와 이념, 관습에 익숙한 현대사회 기성정치가 시민의 욕구, 그들의 '더 나음'을 향한 염원을 수렴하지 못해서가 아닐까 합니다. 민주와 복지, 성장과 번영, 행복과 정의를 정치가 끊임없이 외치지만, 그 안에 노정된 모순과 왜곡, 부조리는 여

55 최근 소식에 따르면 〈정의란 무엇인가〉의 판매 부수는 200만 부를 넘어섰다고 한다. 사회과학 서적으론 전무후무한 기록이다. 그만큼 정의에 목말라하는 우리 사회의 정서를 반증하는 매우 의미 있는 '사건'이다.

전합니다. 권력을 둘러싼 당파와 편파, 대립과 갈등은 더욱 증폭됩니다. 또 지금 이 순간에도 지구상에는 수많은 사람들이 굶주림에 절규하고, 직장 잃은 이들이 거리를 방황합니다. 단순한 질병에 넋 없이 목숨을 내놓고 있습니다. 이런 난제들을 어떻게 풀어갈 것인가. 지구촌 일반 시민들이 정의에 깊은 관심을 갖는 이유가 아닐까 합니다. 의식과 영혼, 희망의 연대를 꿈꾸며, 슬픈 정치 현실을 넘어서려는 '소리 없는 외침'이 아닐까 합니다.

이제 강의를 요약할 시간입니다. 기성정치는 우여곡절 끝에 폐쇄적인 공간과 공간이 충돌하는 장으로 자리매김했습니다. 최소한 오늘의 현실에선 그렇게 보입니다. 이제는 정치의 새 지평을 열어야 할 때입니다. 전환과 변환이 필요합니다. 알과 알이 충돌하면 결과는 불문가지不問可知입니다. 대립과 갈등의 악순환입니다. 정치라는 알, 혹은 정치라는 알이 속해 있는 세계는 균열을 통해 세계로, 우주로 열려 있습니다. 알이 속한 우주는 무한히 열려 있습니다. 그것이 우리가 발 딛고 있는 오늘, 이 땅의 '현실'입니다. 137억 년 전의 '대폭발.'[56] '무의 요

---

56 **대폭발** Big Bang 빅뱅 또는 대폭발이론은 천문학 또는 물리학에서 우주의 시초를 설명하는 이론이다. 매우 높은 에너지를 가진 작은 물질과 공간이 약 137억 년 전 거대한 폭발을 통해 우주가 됐다고 보는 이론이다. 이에 따르면, 폭발에 앞서 오늘날 우주에 존재하는 모든 물질과 에너지는 작은 점에 갇혀 있었다. 폭발 순간에 그 점으로부터 물질과 에너지가 폭발해 서로 멀어지기 시작했고, 물질과 에너지가 은하계와 은하계 내부의 천체를 형성했다.

무한 우주

정치라는 알, 혹은 정치라는 알이 속해 있는 세계는 균열을 통해 세계로, 우주로 열려 있다. 알이 속한 우주는 무한히 열려 있다. 그것이 우리가 발 딛고 있는 오늘, 이 땅의 '현실'이다.

동.'[57] 과학자는 137억 년 전 이전의 시간, 무한 시간에 도전해야 합니다. 무의 요동의 횟수와 기제를 밝혀야 합니다. '모든 것'의 시원始原으로 알려진 대폭발의 후예인 생명과 인간. 우주의 풀리지 않은 시원과 종말의 무게 앞에 모름을 인정해야 합

57 **무의 요동** fluctuation of nothingness 러시아 물리학자 알렉산더 비렝킨은 우주가 '무'에서 탄생했다는 이론을 제시했다. 무의 상태란 시간, 공간, 물질, 에너지가 없는 상태다. 양자론에 따르면 매우 짧은 시간에서는 시간이나 공간, 그리고 에너지는 특정 값을 취하지 못하고 부단히 요동한다. 이 '요동하는 무'에서 진공 에너지가 초마이크로 우주의 '터널 효과'(tunnel effect)에 의해 돌연 탄생했다. 이 이론은 영국의 물리학자 스티븐 호킹에 의해 심화, 발전됐다.

니다. 그 모름의 역사. 아직 풀리지 않은 숙제입니다. 하지만 '구원의 메시지'를 우리에게 던집니다. '모든 것은 열려 있다 Life swerves.' '모든 것이 정치다Everything is Politics.' 그 열림의 실현 정치 속에서 인간은 더 나은 인간과 세상, 문명을 꿈꿉니다.[58]

벨벳혁명의 주역 하벨은 이렇게 말합니다. "현대의 정치, 현대사회 사람들은 상투적인 이해관계의 굴레를 떠안고 흘러간다. 그것을 넘어설 수 있는 틀, '가이아Gaia'[59] 이야기와 함께 끊임없는 초월을 시도하는 것이 현대 이후의 정치일 것이다."[60] 저는 이것을 '포월包越'이란 말로 표현합니다. 벗어나고, 넘어서고, 포괄하는 인간의 무한한 잠재력과 함께 타자의 선의와 열정, 소외와 고통, 의도하지 않은 잘못을 끌어안는 정

---

58 Inwon Choue, ed., *Transformative Challenges: Modern Civilization and Beyond*, Global Academy for Future Civilizations, Kyung Hee University, 2008; Roberto M. Unger, *False Necessity: Anti-Necessitarian Social Theory in the Service of Radical Democracy*, Verso, New York, 2004; Unger, *Passion: An Essay on Personality*, The Free Press, New York, 1984 참조.

59 **가이아 이론** Gaia theory 가이아는 그리스 신화에 나오는 대지의 여신이다. 가이아 이론은 1972년 영국의 대기화학자 제임스 러브록(James E. Lovelock)이 발표한 가설로, 지구는 스스로 생존 능력을 가진 살아 있는 생명체로 인식한다. 지구를 단순한 물리·화학적 무생물로 보는 것이 아니라 하나의 거대한 유기체로 생각한다. 지구생물권은 주위 환경에 적응하기만 하는 소극적 존재가 아니다. 오히려 주위 환경을 적극적으로 변화시켜 항상성을 유지한다.

60 William Irwin Thompson, ed., *A Way of Knowing: Political Implications of the New Biology*, Lindisfarne Press, Houston, N.Y., 1987; Peter Russell, *The Global Brain: Speculations on the Evolutionary Leap to Planetary Consciousness*, J. P. Tarcher, Inc., Los Angeles, 1986 참조.

의로운 공동체를 이루는 것이 정치의 미래가 아닐까 합니다.[61] 탐욕에 물든 의식, 그 아성을 지키려는 크고 작은 권력에 담대하게 맞서는 것이 또 다른 정치의 길일 것입니다. 인간의 '인간적인 너무도 인간적인' 무한한 가능성의 미학美學과 함께 '여백의 정치'를 만드는 것이 우리의 또 다른 숙명일지 모릅니다.

오늘 정치의 열린 가능성과 함께 변화의 가능성을 이야기했습니다. 현실정치 이후를 준비해야 하는 우리들의 의식을 말했습니다. 우리가 바라 마지않는 '제2의 정치'는 생명의 근원 현상인 '표현,' 혹은 '현현顯現'으로 이해돼야 하고, 표현의 주체인 '나'는 타인과 공동체, 지구와 우주를 향해 열려 있어야 한다고 했습니다. 이를 위해 열린 의식, 공감과 합의의 정치가 절실합니다. 열정과 행동의 연대가 필요합니다. 이것이 '인간의 인간'이 추구해야 할 '정치의 정치'일 것입니다. 우리가 힘을 모아 실현해야 할 지구적 가치일 것입니다. 이런 이야기와 함께, 이번 강연 제목을 "정치와 정치, 그리고 정치"라고 명명했습니다. 앞의 두 정치에 관해선 미진하나마 이야기를 나눴습니다. 마지막 정치, 혹은 제3 정치는 여러분 몫이라고 생각합니다. 젊음과 함께, 무한한 가능성과 함께 상상의 나래를 펼

---

61 조인원, 〈포월의 초대〉, 아카넷, 2006 참조.

치시길 바랍니다. 현상학, 해석학, 실존주의, 과학실재론, 신학, 미학, 실증주의와 같은 드넓은 인식의 지평이 여러분을 초대하고 있습니다. 감사합니다.

라운드테이블

패널	조인원 총장	
	박수헌 교수	국제캠퍼스 국제대학
	정선애 처장	한국인권재단 사무처장
	서효원 학생	한의예과 2학년
	신진욱 학생	경영학부 2학년
사회	김상준 교수	교양학부장

김상준 교양학부장 저는 2부 자리 배치를 상상하면서 편안한 소파를 떠올렸는데, 대학이 갖고 있는 집기나 기자재가 아직도 권위주의적인 모양을 하고 있네요. 여러분, 이 자리를 이렇게 생각했으면 좋겠습니다. 교수님, 선배님, 친구들과 세미나를 끝내고 애프터 모임을 하고 있다고 편안하게 여겨주셨으면 합니다. 저희에게 남은 시간이 45분 정도인데 충분한 시간은 아닙니다. 총장님께서 특강을 하실 때 자신의 약점이 농담을 못 하는 것이라고 하셨는데 저는 동의하지 않습니다. 가끔 만나뵈면 우스운 말씀을 잘하십니다. 강의하실 때 진짜 약점은 다른 데 있습니다. 목소리가 너무 감미로우시다는 겁니다. 편안하게 이끌어가야 한다는 강박 때문에 제가 순서도 다 잊었습니다. 모신 분들을 소개해드리겠습니다. 저는 교양학부장 김상준입니다. 맞은편에 총장님을 모셨고, 그 사이에 패널 네 분을 모셨습니다. 가까운 쪽부터 소개를 드리겠습니다. 한국인권재단의 정선애 사무처장님 오셨습니다. 내공이 대단한 분입니다. 그 옆에 우리 한의과대학의 서효원 학생을 모셨고,

다음에 경영학부에 재학 중인 신진욱 학생, 그리고 국제캠퍼스 국제대학의 박수헌 교수님을 모셨습니다. 모두 귀한 시간 내주셔서 대단히 감사합니다.

먼저 서효원, 신진욱 두 학생에게 확인해보고 싶습니다. 오늘 총장님 강연이 거의 한 학기 분량의 내용을 담고 있습니다. 참석해주신 학생들이나 교수님들도 마찬가지겠지만 마음을 후벼 파는 듯한 말씀을 많이 해주셨어요. 강연 마지막 부분에서 총장님께서 여러분 세대가 장년층이 됐을 때의 세계는 지금과 상당히 다를 것이라고 하셨습니다. 새로운 미래, 여러분 세대에 대한 희망과 신뢰, 가능성을 강하게 표현해주셨습니다. 여러분 세대가 훨씬 자유롭고 잠재력이 크다고 보고 계셨습니다. 이에 대해 학생들은 어떻게 생각하는지 궁금합니다. 먼저 서효원 학생의 이야기부터 들어볼까요.

"정치와 정치, 그리고 정치" 강연에 이어 열린 라운드테이블.

서효원 학생 안녕하세요. 한의예과 09학번 서효원입니다. 사회자님의 질문을 우리 세대는 과연 우리 세대의 가능성에 대해서 어떻게 생각하는가 라고 요약할 수 있을 것 같은데요. 제가 추천 문헌을 읽고, 개인주의[62]가 발달함에 따라 우리가 상실하는 많은 것들에 대해 생각해보았습니다. 총장님께서 말씀하셨듯이 '나'는 무엇인가, 내 안에 잠재되어 있는 힘이라는 것은 무엇인가 등과 같은 화두가 많았습니다. 저 역시 우리 세대가 개인주의에 매몰된 나머지, 각자가 어떤 틀에서 벗어나지 못한다면 총장님의 기대에 부응하는 데 무리가 있을 것이라고 생각했습니다. 개인주의가 우리에게 주는 이점이 많지만, 현실에 안주하지 말고 한 단계 높은 차원으로 올라설 때, 진정한 가능성을 찾을 수 있을 것이라는 생각을 해봤습니다.

김상준 교양학부장 네, 감사합니다. 신진욱 학생은 어떤 생각을 하셨는지요.

신진욱 학생 안녕하세요. 경영학부 07학번 신진욱입니다. 저도 주어진 문헌자료를 읽어보았는데요. 자료에 나오는 것처럼 과거 이성의 시대가 시작되면서 사람들이 자기 틀에 갇히게 되었다고 봤습니다. 그런데 그 틀에 갇혀 있는 모습이 현재

62 **개인주의** individualism 개인주의는 이성적이고 합리적이며 독립적인 개인을 전제한다. 개인의 자유와 권리가 외부 요인에 의해 간섭을 받는 것에 반대한다. 개인의 자유와 권리가 다른 개인의 자유와 권리, 그리고 사회적 가치를 침해하지 않는 한, 그 자유와 권리를 제한 없이 행사할 수 있어야 한다. 개인을 집단, 민족, 국가보다 중시한다. 개인의 희생과 헌신을 강조하는 전체주의, 집단주의, 국가주의와 구별된다.

로서는 자기만의 세계에 매몰되는 현상으로 발현되기 때문에, 그것을 뛰어넘어 공동체적인 가치를 지향해야 한다고 봅니다. 그래야만 총장님을 비롯해 많은 분들이 기대하는 새로운 세대, 새로운 세상이 열릴 것이라고 생각합니다.

김상준 교양학부장 그럼, 정선애 처장님과 박수헌 교수님의 말씀을 듣겠습니다. 우선 총장님 강의에 대한 전체 인상이 어떠셨는지 궁금합니다.

정선애 처장 안녕하세요. 총장님께서 말씀하시는 동안 저는 가슴이 떨렸습니다. 제가 10여 년 동안 NGO 활동을 했는데, 제가 그간 가져왔던 문제의식과 총장님께서 한 시간 동안 들려주신 말씀이 교감하는 부분이 많았습니다. 사실 총장님의 발표문을 보고 당황스러워서 제가 토론을 어떻게 해야 하나 고민이 많았습니다. 저는 경희대가 왜 인문학을 강화하려고 하는가, 이런 말씀을 하실 줄 알고 있었거든요. 총장님 강의를 들으면서 가졌던 첫 번째 느낌은 서로 다른 경로로 살아왔는데, 어쩌면 이렇게 생각하는 것이 통할 수 있을까 하는 것이었습니다. 두 번째는 총장님 강연을 통해 경희대가 왜 인문학 교육을 강화하려고 하는지 그 절박한 마음을 느낄 수 있었습니다.

박수헌 교수 안녕하십니까. 국제캠퍼스 국제대학의 박수헌 교수입니다. 제 전공이 정치학이기 때문에 오늘 이 자리에 저를 부르신 것이 아닌가 싶습니다. 총장님께서 큰 주제로 여러 가지 얘기를 해주신 덕분에 많이 배웠습니다. 저는 정치철학 분야는 잘 모르는데, 총장님께서 이렇게 유익한 참고자료를 제시해주셔서 감사합니다. 학생들에게도 자신의 사유와 삶을 살찌우는 좋은 계기가 되리라고 봅니다.

총장님과 교양학부장님께서 정치의 나쁜 이미지에 대해 말씀하셨는데 정치학을 전공한 사람으로 약간 억울한 생각이 들어 정치에 대한 변명을 해볼까 합니다. 저희 세대는 대학에 다닐 때, 사회주의와 사회주의 혁명에 대해 열심히 공부했습니다. 여러분이 기억하실지 모르겠는데, 1917년 10월 러시아혁명[63]을 주도했던 볼셰비키Bolshevik 지도자 중에 레닌Vladimir Ilich Lenin, 트로츠키Leon Trotskii,[64] 스탈린Iosif Vissarionovich Stalin 말고도 니콜라이 부하린Nikolai Ivanovich Bukharin[65]이라는 사람이 있었습니

63 **1917년 10월 러시아혁명** 1905년 2월 혁명에 이어, 1917년 10월에 발생한 사회주의 혁명(프롤레타리아 혁명)이다. 러시아혁명은 이 두 혁명을 총칭하는 것으로, 1917년 혁명은 '10월 혁명' 또는 '볼셰비키 혁명'으로 불린다. 10월 혁명은 블라디미르 레닌의 지도하에 볼셰비키에 의해 주도됐고, 칼 맑스 사상에 기반한 20세기 최초의 공산주의 혁명이다.

64 **레온 트로츠키** Leon Trotskii, 1879~1940 러시아 혁명가. 멘셰비키에서 활동하다 1917년 10월 혁명 직전 볼셰비키에 가담해 혁명을 이끌었다. 독일과의 강화 문제로 레닌과 대립했다. 1924년 레닌 사후에는 스탈린과의 권력투쟁으로 인해 국외로 추방됐다. 후진국이 혁명을 하기 위해서는 유럽 사회주의 혁명의 지원이 필요하다는 '영구혁명론'을 주장했다.

65 **니콜라이 부하린** Nikolai Ivanovich Bukharin, 1888~1938 러시아 혁명가. 1906년 러시아 사회민주노동당에 입당했다. 1917년 2월 혁명 이후 중앙위원회 위원으로 선출돼 볼셰비키를 지도했다. 10월 혁명 후에는 〈프라우다〉 편집장이 됐다. '일국사회주의론'을 내놓았고 이는 나중에 스탈린

다. 지금은 거의 잊혀졌지만 당시에는 매우 유명했던 사람입니다. 부하린이 "생각하는 사람이라면, 교양을 갖춘 사람이라면 정치의 바깥에 서 있을 수 없다"[66]라고 말했습니다. 이번 교양강좌의 제목을 접하고 부하린의 말이 떠올랐습니다.

우리는 정치라고 하면 국회에서 몸싸움을 하는 국회의원, 자기 이익만 추구하다 부패하는 정치인을 떠올리기 쉬운데, 그것은 대중매체를 통해 접하는 정치의 단편적이고 부정적인 일면에 불과합니다. 정치는 넓게 볼 수도 있고 좁게 볼 수도 있습니다. 정치가 지금처럼 부정적으로 거론되는 것은 정치의 여러 본질 중 한 측면, 권력 추구를 위한 권모술수 행사와 같은 모습에만 치중했기 때문입니다. 정치는 한자로 해석하면 '바르게 다스린다'는 의미가 있습니다. 영어 politics는 고대 아테네의 polis[67]에서 나온 것인데, 시민들이 공동의 관심사에 대해 좋은 방법을 찾아낸다는 의미입니다. 넓게 보면, 정치는 권력을 기반으로 해서 모든 공동체의 관심사에 대해 좋은 방향을

의 기본 경제 발전 정책이 된다. 일국사회주의론이란 세계 혁명 없이도 러시아 등 저성장 국가가 경제 발전을 통해 공산주의로 진화할 수 있다는 이론으로 세계 혁명을 우선으로 본 트로츠키의 '영구혁명론'과 대립했다.

66 Stephen F. Cohen, *Bukharin and the Bolshevik Revolution: A Political Biography, 1888-1938*, Oxford University Press, Oxford, 1980 참조.

67 **폴리스** polis 도시국가로 번역되는 폴리스는 고대 그리스 '시민정치 공동체'를 의미한다. 공간적으로는 성벽으로 둘러싼 도시와 그 주변 농촌으로 구성돼 있었다. 폴리스 시민은 공동체 일원으로 정치에 활발하게 참여했다. 공동체 안건은 시민 총회인 민회에서 최종적으로 결정했다. 대표적인 폴리스인 아테네는 학문과 예술의 중심지이기도 했다.

찾아내려는 노력이라고 할 수 있습니다. 정치의 본질은 인간들의 관계에 있어서 힘의 상호작용인데, 이때 가장 중요한 것은 인간에 대한 이해가 아닌가 싶습니다. 보편적인 인간성에 대한 이해, 자기 자신에 대한 이해, 남에 대한 이해, 우리 관계에 대한 이해, 사회에 대한 이해 등을 바탕으로 더불어 잘 살 수 있는 세상을 추구하는 것이 정치라고 봅니다.

김상준 교양학부장 네, 감사합니다. 이제 플로어에 계신 학생들의 의견을 들어보겠습니다.

김현성 학생 안녕하십니까. 자율전공학과 1학년 김현성입니다. 현대사회의 사람들이 "나는 과연 무엇인가"라는 질문에 대답을 하지 못하는 무방비 상태라고 지적해주셨는데, 저는 중학교 때부터 지금까지 줄곧 철학적인 질문을 해왔습니다. '나란 무엇인가'에 대해 많이 생각해왔습니다. '나라는 것'이라는 경계도 하나의 개념의 경계일 뿐이라는 것이 제가 도달한 결론입니다. '나'라는 것을 형태를 가진 나 하나에만 국한시킬 것이 아니라, 내 주변의 모든 환경, 가령 여기 계신 총장님, 패널 선생님들, 학생분들을 포함해 내가 인지하는 모든 것이 나를 표상할 수 있다는 생각을 하게 되었습니다.

'나'에 대해 고민하는 동시에 무조건 큰 가치를 추구했습니다. 그렇게 나를 확대시키다 보니, 현대는 문제점이 너무 많아

보였습니다. 모두들 성공을 추구하고, 돈을 더 많이 벌고자 합니다. 그런데 성공은 나 혼자 원한다고 해서 이뤄지는 것은 아닙니다. '나'라는 자아를 공동체 차원으로 확대시켜나가면 성공은 자연스럽게 이뤄진다고 봅니다. 돈이라는 것도 어떤 '가치'가 아닐까요. 모든 사람을 나아지게 하자는 가치를 추구하는 기업이라면 그 가치 때문에 기업은 성공할 것입니다. 이런 점에서 제가 속해 있는 경희대가 추구하는 가치, 우리 인문학이 추구하는 방향은 당연하다고 생각합니다. 경희대의 인문학적 관점은 한국 사회에 매우 필요한 가치관입니다. 제가 융합과목도 수강하고, 한의과대학, 음악대학 수업도 들으면서 사회를 큰 틀에서 이해하게 되었습니다. 이런 교육을 통해 인재를 길러내고, 사회적 가치를 만들어낼 수 있다고 봅니다. 이 같은 이유로 인문학을 강화하는 후마니타스 칼리지를 적극 지지합니다.

김상준 교양학부장 자율전공학과 1학년이라고 했죠? 대단한 신입생입니다. 짧은 강연을 들은 것 같습니다. 다른 학생 의견을 들어보겠습니다.

김현우 학생 안녕하세요. 사회과학부 03학번 김현우입니다. 1학년 학생의 얘기 잘 들었습니다. 개인의 가치 추구와 경제적 효율성에 관한 이야기로 이해했습니다. 총장님께 여쭙고 싶은 것이 있습니다. 특강 중에 아인슈타인의 시각적 망상, '알'의 세계와 균열을 언급하시면서 불확실성에 대해 말씀하셨습니다. 그런데 유클리드Euclid[68]나 뉴턴Isaac Newton[69]이 제시한 확실성이라는 절대적 명제가 있지 않았습니까. 상대성이론[70]이 등장하면서 확실성의 세계가 무너지고, 불확실성에 도달했습니다. 사람들이 다양한 가치를 추구하지만, 결국에는 경제적 가치를 어떻게 효율적으로 획득하느냐의 문제로 수렴되는 것 같습니다. 저희 선배나 정경대에 다니는 친구들도 마찬가지입니다. 저는 앞에서 말씀하신 학우나 패널분들이 공동체적으로 노력하면 잘될 것이라는 막연한 낙관론에 사로잡혀 있다고 봅니다. 경제적 효율성을 획득하기 위한 어떤 답을 구하지 못하는 것, 그것이 우리들의 한계점이라고 봅니다. 나는 누구

---

68 **유클리드** Euclid 유클리드는 '기하학의 아버지'로 일컬어지는 그리스 수학자 알렉산드리아의 에우클레이데스(기원전 365년경~275년경)의 영어식 이름이다. 프톨레마이오스 1세 재위(기원전 323년~283년) 동안 알렉산드리아에서 활동했다. 그의 〈원론〉은 수학사에서 가장 영향력 있는 저술의 하나로, 출판된 뒤부터 19세기 말 또는 20세기 초까지 수학, 특히 기하학을 가르치는 데 교과서로 쓰였다.

69 **아이작 뉴턴** Isaac Newton, 1643~1727 1687년 발간한 〈자연철학의 수학적 원리〉는 고전역학의 기본 바탕을 제시한다. 과학사에서 가장 영향력 있는 저서 중 하나다. 이 저서에서 뉴턴은 다음 3세기 동안 과학우주론에서 절대적이었던 만유인력과 세 가지 운동 법칙을 기술했다. 뉴턴은 케플러의 행성운동 법칙과 그의 중력이론 사이의 지속성을 증명하는 방법으로 이론이 어떻게 지구와 천체 위 물체 운동을 설명하는지 보여준다. 태양중심설에 대한 마지막 의문점을 제거하고 과학 혁명을 발전시켰다.

70 **상대성이론** theory of relativity 아인슈타인의 상대성이론은 특수상대성이론과 일반상대성이론으로 이루어진다. 특수상대성이론은 중력을 제외한 모든 관성에 의한 물리현상에 적용되며, 일반상대성이론은 중력 법칙 및 중력과 다른 힘과의 관계를 제시한다. 시간과 공간 모두 고정되어 있는 것이 아니라 상대적이라는 것이다. 상대성이론의 시공간 개념은 고전 물리학의 토대를 흔들고 현대 물리학의 기초를 마련했다.

이고, 어떤 정치를 꿈꿀 것인가 라는 말씀을 들으면서 많은 생각을 했습니다. 저희에게 과연 그런 가능성이 있는 것인지 총장님께 여쭙고 싶습니다.

김상준 교양학부장 네, 좋은 의견 감사합니다. 지금까지 나온 질문에 대한 총장님의 말씀을 들어보도록 하겠습니다.

총장 마지막으로 질문한 학생분이 이야기를 충분히 해서 드릴 말씀이 많지 않습니다. 저는 이렇게 생각합니다. 저는 여러분만 한 나이에 대학에 입학해서 30대 중반까지 학생 신분이었습니다. 그 후 교수 생활을 계속해왔기 때문에 경제적 성공에 대해서는 잘 모릅니다. 제가 말씀드리고 싶었던 것은, 우리에게는 누구나 사적인 욕망이 있고, '사람다움'이라고 말할 때 반드시 이타성만 강조되는 것은 아니라는 점입니다. 우리 안에는 여러 가지 욕망이 있습니다. 그리고 욕망을 표현하는 것은 자연스러운 일입니다. 가치 판단의 대상이 아닙니다. 다만 사람이라면 자기 욕망을 표현하고, 자기 목표를 추구할 때, 타인과 공동체를 함께 생각하는 것이 당연하고 또 합리적이라는 것입니다. 저는 나의 욕망을 추구하면 공익에 위배된다거나, 공익을 추구하면 나의 욕망이 작아진다고는 생각하지 않습니다.

결국 나의 욕망과 타자, 공동체, 사회의 가치를 어떻게 잘

조화시킬 것인가가 문제의 핵심입니다. 나의 욕망과 사회의 가치를 조화시키는 방법은 한 가지만 있는 것은 아니겠지요. 여기 오신 분들의 숫자만큼 많을지 모릅니다. 방법은 개인마다 조금씩 다를 것입니다. 그런 차이는 최대한 존중돼야 합니다. 제가 강연 말미에 하버드대학의 필립스 브룩스를 거론한 까닭을 다시 환기하고자 합니다. "나는 다른 것은 모르겠다. 오직 돈만 벌면 된다. 권력만 쟁취하면 된다"는 배타적, 경쟁적 사고방식은 공동체 차원에서는 지양해야 할 가치라고 생각합니다. 그런 이유에서 필립스 브룩스를 소개했습니다. 돈을 벌고, 권력을 추구하는 것도 중요할 수 있습니다. 하지만 그것을 통해 나는 어떤 가치를 추구할 것인가. 나 자신만이 아니라 크고 작은 공동체를 위해 어떻게 기여할 것인가. 이 같은 문제의식이 항상 고민의 한복판에 자리 잡고 있어야 한다고 봅니다. 욕망을 표현하고 실현해나갈 때, 내 바깥에 있지만 나와 긴밀하게 연관될 수밖에 없는 타인과 공동체를 성찰하고 배려하는 태도는 중요합니다. 서로 다른 가치를 인정하고, 조화를 이뤄가는 일이 혼란스러운 정치를 풀어가는 데 가장 시급한 과제가 아닌가 합니다.

대기업 사원 채용 방식이 많이 달라졌다고 들었습니다. 과거에는 정답을 요구하는 필기시험 위주였지요. 앞으로는 여러분의 내면세계를 테스트하는 시험 제도가 곳곳에서 도입될 것이라고 봅니다. 그러니까 취업만 준비할 것이 아니라 취업 이후의 삶에 대해서도 대비해야 합니다. 여러분이 생업에 종사한 후에 전개될 여생은 우리 세대보다 훨씬 깁니다. 평균 수명 100세 시대가 도래합니다. 20, 30년을 내다보지 말고 60, 80년 앞을 내다보며 미래를 주체적으로 디자인하시기 바랍니다. 제가 보기에 여러분은 준비돼 있습니다.

김상준 교양학부장 감사합니다. 이제 본격적인 이야기로 넘어가겠습니다. 패널분들께서 자유롭게 말씀해주십시오. 예, 정 처장님 말씀해주시지요.

정선애 처장 우선 저도 정치에 대해 말씀드리겠습니다. 시민운동을 오래 해온 제가 생각하는 정치는 '보이지 않는 것을 드러나게 해서 거기에 목소리를 부여하고 그것이 힘을 받게 하는 것, 그리고 그것이 여러 사회관계에서 자기의 존재감을 찾게 하는 것'입니다. 이것이 시민운동이고, 시민운동이 곧 정치라고 생각했습니다. 총장님께서 내린 정치의 정의도 저와 비슷하다고 보았습니다.

또 하나는 '마음이 묻어 있는 현실을 객관화하려고 했던 데서 오는 오류'라고 말씀하신 부분입니다. 시민운동은 공동체 지향적이라는 생각이 들잖아요. 이 대목에서 자기 고백을 좀 하고 싶습니다. 그동안 시민운동은 정부나 사회 권력에 대한 비판과 감시를 자기 사명으로 삼아왔습니다. 그런데 어느 순간 큰 절벽 앞에 와 있다는 생각이 들었어요. 비판과 감시의 언어는 늘 밖을 향해 있었습니다. 눈에 보이는 제도와 정책을 마주하고 있을 뿐, 우리 내부를 향한 질문, 우리 자신에게 향하는 질문은 삭제하는 방식으로 운동을 해왔다는 자각이 들었습니다. 이것은 저만의 생각은 아닙니다. 미국의 유명한 사회학자 뷰러웨이Michael Burawoy[71]가 제기한 비판 사회학[72]에 대한 고민이기도 합니다. 비판 사회학이 사회 권력에 대한 감시와 비판을 실천하는 과정에서 본의 아니게 제도적 언어를 지나치게 발전시켜왔다는 것입니다. 뷰러웨이는 비판 사회학이 '나'에 대한 질문, '우리'에 대한 질문을 놓쳐왔다고 지적하면서 공동체 사회학이라고 하는 큰 화두를 꺼냈습니다. 저는 시민운동이 자기 자신을 향한 질문을 만들어내는 힘이 필요한 시점에 와 있다고 생각합니다.

두 번째는 시민에 대한 생각인데요, 그동안 시민운동이 생각했던 시민은 이런 사람이었습니다. '이러이러한 권리가 있

---

71 **마이클 뷰러웨이** Michael Burawoy 영국 태생 맑스주의 사회학자. 현재 미국 UC 버클리 사회학과 교수다. 〈Manufacturing Consent: Changes in the Labor Process under Monopoly Capitalism〉(1979)의 저자이자 공공 사회학(public sociology) 제창자로 알려진다. 잠비아, 미국, 헝가리, 러시아 산업현장 참여관찰을 통해 포스트식민주의 본질, 자본주의 조직화, 국가사회주의 노동자 의식과 작업 조직 특성, 사회주의에서 자본주의로의 이행 문제 등을 연구했다.

72 **비판 사회학** 사회와 문화에 대한 검토와 비판을 강조하는 사회학의 흐름이다. 베버와 짐멜의 반실증주의 사회학과 루카치와 그람시의 맑스주의 이론으로부터 형성됐다. 좁은 의미로는 독일 프랑크푸르트학파에서 1930년대에 시작된 네오맑시즘 비판이론을 지칭한다. 프랑크푸르트학파의 비판이론가인 막스 호르크하이머에 따르면, "인간을 구속하는 환경으로부터 그들을 해방시키는 것"을 추구하는 한 이론은 비판적일 수밖에 없다.

는데, 그것을 알지 못하거나 찾지 못하는 사람들, 그래서 활동가가 그것을 일깨워주면 사회적인 변화의 물결에 참여하게 될 사람들'이었습니다. 그런데 최근의 화두는 이런 시민의 존재가 아니고, '자기 계발하는 주체의 출현'입니다. 한 손에는 자기 계발서를, 한 손에는 취업 프로그램을 들고 끊임없이 자기를 기획하고, 관리하고, 팽창시키는 이런 부류의 등장이 문제라는 것입니다. 이들은 제가 생각했던 시민과 다릅니다. 자기 계발하는 주체는 부당한 국가 권력이 강제해서 그렇게 된 것이 아니고, 자기가 주도적으로 자신을 팽창시키는 논리를 세워나간다는 것입니다. 자기 계발 언어를 자기 몸에 붙여서 살아가는 새로운 부류의 사람들이 생겨난 것입니다.

이런 현실 앞에서 시민운동은 무기력해질 수밖에 없습니다. 스스로 자기를 계발하는 주체를 향해 "이 문제를 함께 풀어나갑시다"라고 말할 수가 없습니다. 국가나 기업에 대한 비판과 감시가 그들의 귀에 들어갈 리가 없습니다. 드러나지 않게 얽히고설켜 있는 이런 현실에 대한 문제제기를 어떻게 할 수 있을까. 총장님께서 말씀하신 '마음이 묻어 있는 현실'처럼, 그동안 시민운동이 현실을 객관화하지 못했기 때문에 시민들로부터 공감을 얻지 못한 것이 아닌가 하고 돌아보게 됩니다.

구체적 예를 들어보겠습니다. 대규모 댐이 건설될 예정이다, 그러면 수몰민이 생기지요. 이럴 경우, 전통적인 시민운동의 접근방식은 이렇습니다. 먼저 정부 정책의 잘못을 지적하고, 그로 인해 환경은 어떻게 파괴되는지를 파악하고, 이러저러한 대안을 제시하고, 보상 문제가 있으면 원만하게 해결하고자 노력합니다. 그런데 이 과정에서 우리가 놓친 것, 간과한 것이 있었습니다. 다름 아닌 수몰민의 '마음'이었습니다. 수몰민이 정든 마을을 떠나면서 자기 마을에 대해서 갖는 상실감, 애도하는 마음이었습니다. 이것은 경제적 보상으로는 절대 해결하기 힘든 문제입니다. 그들이 만들어온 마을, 그 마을에 깃들어 있는 역사성, 장소성, 이야기가 한꺼번에 사라지는 것입니다. 그동안 시민운동은 이런 문제에 대해 활동가가 개입할 수 없는 개인적 문제라고 여겨왔습니다. 정책, 제도, 보상 문제만 갖고 씨름했습니다.

우리 사회는 수몰민이나 철거민의 상실감을 사회적으로 애도해주지 않고 있습니다. 지금 많은 사람들이 "이렇게 살아도 되는 건가"라고 자문하는 단계에 와 있다고 생각합니다. 저는 동시대인들이 어디에서 어떤 방식의 삶을 살아가든 공통적으로 품고 있는 질문 하나가 있다면 이것이라고 생각합니다. "정말 이렇게 살아가도 되는 것인가." 그래서 저는 또 수많은 마음을 읽어내고 이야기들을 만들어내는 일을 하고 싶어 합니다. 정제되지는 않았지만 자신의 언어로 만들어내는 이야기가 나와야 합니다. 기억이나 이야기는 지문처럼 남아 있어서 강력한 힘을 발휘합니다. 예를 들면, 20~30년 동안 살아온 동네가 어느 날 재개발이 된다고 하면 환영한다는 현수막이 붙습니다. 그런데 만일 그 동네에 나의 기억, 나의 이야기, 우리의 문화와 역사가 굴러다닌다면 어떻게 될까요. 아, 저 마을버스 정류장에서는 그때 누구와 손을 맞잡았지, 저 집에는 전에 누가 살았지… 동네 사람들이 이런 지문과 같은 기억을 가지게 된다면, 재개발을 환영하는 현수막이 쉽게 내걸리지는 않겠지요.

그래서 저는 비언어적인 감각의 균형을 찾는 일이 매우 중요하다고 생각합니다. 결국 인문학 이야기입니다. 특히 '쓸모'에 도전하는 것이 중요하다고 봅니다. 우리는 '쓸모'라고 하는 감각을 비대하게 키워왔습니다. '공동체'를 제안하면 비현실적인 것으로 치부합니다. 쓸모를 일차적 기준으로 삼기 때문입니다. 쓸모를 쓸모가 아닌 다른 무엇으로 만들어가는 감각과 의식을 살려나가는 것이 매우 중요하다고 봅니다.

마지막으로, 경희대의 실험이 우리 사회에 큰 울림을 줄 거라고 생각합니다. CEO 대통령, CEO 총장이 많은 세상에서 경희대 총장님을 만나니 정말 반갑습니다. 경희대의 인문학적 도전이 성공했으면 하는 바람을 가지고 있습니다. 우리가 말하는 성공이 취업을 많이 하는 것과는 다르겠지요. 경희대에서 공부한 학생들이 만들어나가는 문화가 사회적으로 영향력을 갖는다면, 우리 사회의 미래를 위해 커다란 의미가 있다고 봅니다. 마지막으로 한 말씀만 더 드리겠습니다. 저는 오늘 이 자리 배치가 마음에 듭니다. 학생들이 한가운데 앉아서 먼저 이야기를 시작할 수 있는 자리. 저는 이처럼 사소한 감성들을 곳곳에서 실천하는 일이 매우 중요하다고 생각합니다. 감사합니다.

김상준 교양학부장 밖에서 오신 손님께서 경희대가 지향하는 바에 대해 호평해주시니 감사합니다. 사족을 달자면, 저희는 경희대가 가는 방향이 학생들의 취업을 위해서도 긍정적 효과를 가져올 것이라고 생각합니다. 고용주, 크게는 미래사회가 원하는 인재가 바로 기초학문과 교양의 바탕이 튼실한 사람이라는 확신을 가지고 있습니다. 이번에는 박수헌 교수님 말씀을 들어보겠습니다.

박수헌 교수 방금 플로어에서 한 학생이 현실적인 문제를 말씀하셨습니다. 요즘 경기가 좋지 않아서 취업 준비가 가장 큰 문제일 것입니다. 취업을 무시할 수는 없습니다. 저는 학생들에게 강의를 하거나 면담을 할 때 너무 불안해 하지 말라고 충고합니다. 현재 상황만 보고 너무 초조해 하지 말고, 마음을 크게 갖고 좀 더 느긋하게 호흡하면서 하나하나 처리해나간다면 생각보다 잘 풀려나갈 수 있습니다. 총장님께서 말씀하신 중요한 내용을 환기하고 넘어가겠습니다. 총장님께서는, 여러분이 사회에 진출하기 전, 준비 단계로 들어온 대학에서 자기 자신의 삶에 대해 진지하게 숙고해보라고 권유하셨습니다. 정치는 자기 성찰과 이해의 바탕 위에서 이루어집니다. 나의 삶, 인간의 삶에 대한 본질적인 성찰과 함께, 지금 이 시간 대한민국을 살아가는 우리 자신의 역사성과 사회성을 사유하는 일이 매우 중요합니다. 몇 년 전부터 경기가 침체되어왔고, 특히 미국에서 금융위기가 발생하면서 모두들 고생하고 있습니다. 그런데 이런 상황이 나 개인뿐 아니라 역사적, 사회적 맥락에서 어떤 의미를 갖는 것인지 깊이 생각할 수 있어야 합니다.

많은 사람들이 신자유주의[73] 시대, 글로벌 시대, 세계화 시대라고 말합니다. 그런데 신자유주의 시대가 도래한 역사적 맥락은 무엇일까요. 일찍이 17, 18세기 이래 자본주의는 영국 주도하에 유럽을 거점으로 계속 발달하고 팽창해왔습니다. 그 과정에서 시장과 자본주의 체제에 문제가 생겼습니다. 불평등의 심화, 즉 못사는 사람들의 증대라는 본질적 문제가 발생한 것입니다. 이에 따라 2차 세계대전 이후 서유럽을 중심으로 복지국가라는 개념이 도입됩니다. 영국, 독일, 프랑스, 이탈리아, 북유럽 국가 등 유럽의 주요 국가가 복지국가를 운영했습니다. 시장의 실패를 보상하기 위해 국가가 개입한 것이

73 **신자유주의** neo-liberalism 정부의 시장 개입 확대라는 케인즈주의와 복지국가 모델에 반해 경제적 자유방임주의 원리의 현대적 부활을 지향하는 정치적 흐름이다. 1980년대 영국의 마가렛 대처와 미국의 로널드 레이건 정부가 주도했고, 1990년대에 전 세계로 확산됐다. 경제자유화, 자유무역, 시장개방을 옹호하며, 공기업 민영화, 규제완화, 노동시장 유연화를 추구한다.

지요.[74]

그런데 복지국가에도 문제가 생겼습니다. 처음에는 잘 운영되다가 1970년대 이후 세계 경제 운영과 맞물려 복지국가 내부에서 생산성 하락, 관료 조직의 비대화, 경쟁력 약화 등 여러 가지 문제가 대두됩니다. 이를 해결하기 위해 등장한 것이 신자유주의입니다. 1980년대 미국의 레이건 대통령과 영국의 대처 총리를 중심으로 정치적으로는 신보수주의,[75] 경제적으로는 신자유주의의 물결이 부상해 지금까지 지속되고 있습니다. 다시 말하면, 국가가 실패함에 따라 국가가 퇴출당하고 시장이 다시 전면에 나선 것입니다. 그런데 시장 중심으로 운영되는 신자유주의의 부정적 영향으로 심각한 취업난과 같은 문제가 생기는 것입니다. 신자유주의는 국가의 시장 개입이 실패했기 때문에 복귀한 것입니다. 신자유주의가 자본주의 경제 질서의 근본적 모순인 불평등 문제를 해결하는 것은 아닙니다.

여러분도 공감할 수 있을 것입니다. 우리나라도 외환위기

---

74 20세기 초까지 지배적이었던 자유방임주의 또는 시장자유주의는 결국 1930년대 세계 대공황으로 귀결됐다. '시장 실패'를 평화적으로 극복하는 방법은 두 가지 흐름으로 나타났다. 미국에서는 케인즈주의, 유럽에서는 스웨덴에서 시작된 복지국가 모델이 확산됐다. 양자 모두 시장의 불완전성을 보완하기 위해 국가의 개입을·강조한다.

75 **신보수주의** neo-conservatism 신보수주의는 1970년대에 일어나 1980년대 미국 공화당 노선이 됐다. 현재까지 미국 정계에서 많은 이들의 지지를 얻고 있다. 대표적인 미국의 신보수주의자로는 로널드 레이건, 조지 W. 부시, 도널드 럼스펠드 등이 있다. neo-conservatism을 줄여 속칭 네오콘(neocon)이라고도 부른다. 힘의 논리를 중시하고 경제 이념으로 신자유주의를 채택한다.

이후 지니 계수가 계속 나빠지고 사회 양극화가 심해지고 있어, 불평등 심화, 빈곤 증대처럼 궁극적으로 자본주의가 해결하지 못하는 문제가 조만간 다시 터질 가능성이 높습니다. 그러면 그때, 국가가 다시 개입할까요. 아니면 시장이 계속 밀고 나갈까요. 저는 앞에서도 얘기했듯이, 결국 사람에게서 해결점을 찾아야 한다고 생각합니다. 사람에서 출발해야 합니다. 취업난은 나 혼자만 겪는 것이 아니고, 우리 모두가 함께 겪는 것입니다. 경제 문제의 역사성, 사회성을 함께 고민하고 해결책을 모색하는 분위기가 매우 중요합니다.

김상준 교양학부장 네, 대단히 감사합니다. 예정된 시간이 약 5분 남았는데요, 다시 두 학생의 이야기를 들어보겠습니다. 패널 준비를 하며 공부도 새로 하고, 강연과 토론을 주의 깊게 들으셨을 줄 압니다. 대학 생활도 이제 2년 차로 접어들었으니, 감회도 있을 테고 자신의 미래에 대한 생각도 있겠지요. 그리고 플로어에서 한두 분 의견을 듣고, 마지막으로 총장님께서 전체 정리를 해주시는 것으로 오늘 순서를 마치려 합니다. 신진욱 학생부터 말씀해주시지요.

신진욱 학생 네, 방금 전 한 학우가 말씀해주신 부분에 대해 저도 공감합니다. 개인으로서 사회의 시스템 자체에 무력감을 느끼는 것은 어쩔 수 없다고 생각합니다. 하지만 그렇기 때문에 공동체주의가 더욱 필요하다고 봅니다. 사회 체제 속에서 개인이 무력할 수밖에 없는 것은 사회 체제와 개인을 일대일의 관계로 보기 때문입니다. 공동체가 연대하는 힘이 아니라 사회 대 개인, 국가 권력 대 개인, 자본 권력 대 개인, 이런 구도에서 벗어나지 못하기 때문에 우리가 무력감을 느끼면서 현실을 추수하는 것이라고 봅니다. 예를 들어, 오늘처럼 좋은 강연이 있어도 당장 아르바이트를 해서 학비를 대거나 방세를 내야 한다면, 개인은 일터로 갈 수밖에 없습니다. 학생 개인은, 학생이 공부를 해야 할 시간에 돈을 벌어야만 하는 사회는 잘못되었다고 주장하기가 어렵습니다. 이런 문제는 공동체와 사회가 나서야 합니다. 장기적 관점에서 보면, 인류 발전을 위해 반드시 필요한 것이 공동체주의라고 생각합니다.

서효원 학생 네, 지난 2년간 제가 경험한 대학 생활에 대해 말씀드리겠습니다. 대학에 들어오기 전에는 대학에 가면 공부를 열심히 해서 사회에 쓸모 있는 사람이 되겠다는 결심을 했습니다. 방금 전 총장님께서 지적하신 것처럼, 저는 사회적으로 어떤 효용성을 가진 사람이 될 것인가에 대해 끊임없이 생각하면서 공부해왔습니다. 그런데 어떤 회사에 취직해서 어떠어떠한 사람이 되겠다는 꿈을 가지고 공부에 집중하다 보니, 다시 말해 다른 무엇과 연계해서 어떤 의미를 가질 것인지에 대해 고민하다 보니, 내가 과연 어떤 사람인지 돌아보는 기회가 거의 없었습니다. 총장님께서 강연 초반에 개인주의의 폐해를 지적하셨는데, 저는 내가 어떤 인간인지 과연 관심이 있었던가 반성하게 됐습니다. 현대사회의 특징 중 하나를 개인주의로 꼽고 있으면서도 우리는 개인에 대해 숙고하지 않습니다. 결국 나 자신과의 관계, 타인과의 관계도 단절되고, 역사성과의 관계도 단절되었습니다. 내가 어떤 사람인지를 먼저 파악하고, 인간, 인류에 대해 성찰해야겠다는 생각을 하게 됩니다. 균형 잡힌 인간이 이루는 균형 잡힌 사회가 무엇인지에 대해서도 알고 싶습니다. 대학 생활을 하는 동안 현실적인 문제를 떠나 한번쯤은 반드시 고민해야 할 문제라는 생각이 들었습니다.

김상준 교양학부장 감사합니다. 플로어로 가보겠습니다. 제가 꼭 여쭤보고 싶은 분이 계십니다. 총장님께서 우주에는 균열이 있다, 우주는 깨져 있다crack in the cosmos, cosmological crack고 말씀하셨습니다. 오늘 이 자리에 참석하신 이동욱 교수님께서 우주적 균열에 대해 오랫동안 연구해오신 것으로 알고 있습니다. 저는 우주적 균열, 깨짐이 바로 총장님께서 언급하신 타자가 아닌가 이해했습니다만, 이 교수님의 말씀을 듣고 싶습니다.

이동욱 교수 20여 년 전, 제가 여러 가지 일로 힘들 때 읽었던 책이 바로 조셉 피어스Joseph Chilton Pearce의 〈The Crack in the Cosmic Egg〉였습니다. 그 책을 총장님께 빌려드렸었지요. 오늘 여러분이 주제를 잘 이해하신 것 같습니다. 우주적 균열은 경희대의 미션, 경희 정신과 관련되기도 합니다. 총장님께서 2006년 세계평화의 날과 해 제정 25주년 기념 국제학술회의Peace BAR Festival 기조연설에서 '포월transcendental engagement'이라는 말씀을 하셨어요. 포월은 초월과 다릅니다. 포괄과 초월을 결합한 개념, 대상을 끌어안고 대상을 극복하는 개념이라고 말해도 될지 모르겠습니다. 헤세의 〈데미안〉에서 총장님께서 인용하신 부분이 "새는 알을 깨고 나오려고 애쓴다. 알은 새의 세계다. 모름지기 진정 태어나려고 하는 자는 자기가 속한 세계를 깨뜨리지 않으면 안 된다"인데요, 이것이 피어스의 〈The Crack in the Cosmic Egg〉와 맞물립니다. 또 총장님께서 말씀하신 'transcendental engagement'는 나와 타자, 나와 공동체라는 대타자와의 관계 속에서 나와 타자가 공유하고 배려하는 방식일 것입니다. 타자와의 관계 속에서 우리 스스로 끊임없이 자기 갱신, 자기 초월을 이뤄나가는 것이 균열crack일 것입니다. 헤르만 헤세의 지적처럼 인간이란 개념은 초월을 빼놓고서는 생각할 수 없습니다. 오늘 총장님 강연과 여러분의 이야기를 감명 깊게 들었습니다.

김상준 교양학부장 감사합니다. 이제 총장님의 말씀을 듣도록 하겠습니다. 제가 한 가지 주문을 드릴까 합니다. 총장님께서 학부생일 때 어떠셨을지 궁금합니다. 여기 모인 학생들과 같은 20대 초반에 어떤 고민을 하셨는지요.

총장 사회자께서 저의 젊은 시절에 대해 조금 알기 때문에 이런 주문을 하신 것 같습니다. 저는 여러분처럼 공부를 많이 한 학생은 아니었습니다. 공부보다 운동을 좋아했습니다. 또 학교 앞에서 친구들과 막걸리 잔을 기울이며 토론하는 것을 좋아했습니다. 대학교 4년 재학 중에 원서는 세 페이지 정도 읽었을 겁니다. 이 이야기가 제 학부 시절을 함축할 것 같습니다.

오늘 편안한 분위기에서 여러분과 심도 있는 대화를 나눠 흡족합니다. 특강을 마련해준 교양학부 관계자분들께 감사드립니다. 신경 많이 써주셨어요. 주제 선정에서부터 프로그램 구성에 이르기까지 성의가 대단했습니다. 그래서 특강 준비를 소홀히 할 수 없었습니다. 제가 교수 시절에는 강의 준비를 많이 하는 편이 아니었습니다. 어젯밤 일찍 자고 오늘 새벽 일어나 강의 준비를 한 번 더 하려고 했는데, 잠이 안 와 새벽 네 시가 넘어서야 눈을 붙였습니다. 아침에 일찍 학교에 나와 일정을 취소하고 강의 준비를 했습니다. 즐거운 강의였습니다. 오랜만에 제가 평소 갖고 있던 고민거리, 앞으로 풀어가야 할 문제에 대해 이야기했습니다. 여러분이 제 이야기를 들으면서 함께 고민해줬으면 하는 기대를 걸고 특강에 임했습니다.

오늘 장시간 '정치'를 붙잡고 씨름했습니다. 하지만 정작 제가 하고 싶었던 이야기는 '사람'이었습니다. '무궁無窮'의 열림을 향해 끊임없는 여정을 만들어내야 하는 인간, 그 인간의 희망은 '벗어나고, 넘어서고, 포괄하는' 실천의지, 고군분투에서 찾아지지 않을까 라는 질문을 던지고 싶었습니다. 사회와 좌장을 맡아주신 김상준 교수님, 정선애 처장님, 박수헌 교수님, 박정숙 교수님, 우리 학생 패널 두 분, 귀한 시간 내주셔서 감사합니다. 저도 오늘 여러분의 귀중한 말씀 잘 들었습니다. 또 플로어에서 질문과 코멘트를 해준 우리 학생들, 자랑스럽습니다.

김상준 교양학부장 여러분 여러모로 풍성한 시간이었지요? 이것으로 총장님 공개 강연과 대담을 마치겠습니다. 감사합니다.

도판 목록

들어가며

2010년 10월 13일 경희대학교 교양학부 공개강좌에서 "정치와 정치, 그리고 정치"를 주제로 강연하는 조인원 총장. 12

벨벳혁명 Velvet Revolution 17

〈Prague, Wenceslas Square during the Velvet Revolution〉, ŠJů (cs:ŠJů), www.wikipedia.org.

루시 Lucy 21

〈Lucy〉, Ethiopian National Museum, Addis Ababa, www.sacred-destinations.com.

1974년 에티오피아 하다르에서 발견된 오스트랄로피테쿠스 아파렌시스 유골의 대중적인 명칭이다. 320만 년 전에 살았던 것으로 추정되는 한 여성의 뼈조각 40%가 발견됐다. 루시라는 이름은 발굴 당시 유행하던 비틀스의 노래 '다이아몬드와 함께 있는 하늘의 루시'에서 유래했다. 루시의 발견으로 직립보행을 가능하게 한 요인이 두뇌 발달이 아니라 도구 제작 능력이라는 주장에 힘이 실렸다.

전쟁 치르는 침팬지 22

〈Chimpanzees Kill Their Neighbors - New Research Tells Us Why〉, 21, June, 2010, www.suit101.com.

1970년대 미시간대 동물연구팀은 침팬지가 잔인한 전쟁을 벌인다는 사실을 밝혀냈다. 초기 인류의 모습은 침팬지 사회와 다르지 않았을 것이다. 치열한 생존의 역사, 피의 역사를 거치면서 인간은 인간이 됐다.

보편에 대해: '위대한 정치'의 종말

레닌과 혁명 34

이념정치는 스스로 '진리는 이런 것'이라고 규정한다. 이념정치는 '저쪽은 아니다, 틀렸다'라고 말한다. 이처럼 폐쇄적인 인과관계 성향을 가지고 있다.

루스벨트의 환호 38

〈Franklin D. Roosevelt〉, The New York Times, Redux.

좌든 우든, 보수든 진보든 각각의 관념, 혹은 이념 지향적 세계관 자체가 잘못됐다고 볼 순 없다. 좋게 보면 좌와 우는 서로 투쟁하면서 '더 나은 사회'를 만들어왔다. 하지만 갈등의 씨앗은 여전히 남아 있다.

사람의 사람

매트릭스 The Matrix 50

〈The Matrix〉, 1999, Warner Bros.

워쇼스키Wachowski 형제가 만든 3부작 SF 영화다. 인간이 기계에 의해 양육되는 22세기 말의 세계를 배경으로 하고 있다. 1999년 〈매트릭스〉가 첫 개봉된 이래 2003년에 〈애니매트릭스〉, 〈매트릭스 리로디드〉, 〈매트릭스 레볼루션〉이 잇달아 발표됐다.

아바타 Avatar 51

〈Avatar〉, 2009, 20th Century Fox.

제임스 카메론James Francis Cameron 감독이 제작해 2009년에 발표한 SF 영화다. 2154년 지구인은 에너지 고갈 문제를 해결하기 위해 멀리 떨어진 행성 '판도라'에서 대체 자원을 채굴하기 시작한다. 그러나 판도라에는 오래전부터 '나비족'이라는 토착민이 자연과 어우러져 살고 있다. 지구인은 산소 마스크 없이는 살 수 없는 판도라에서 자원 획득을 용이하게 하기 위해 나비족 외형에 인간 의식을 주입해 원격 조종이 가능한 '아바타'를 탄생시킨다.

모든 것이 정치?: 희망은 어디에

필립스 브룩스 하우스Phillips Brooks House 65

무한 우주 69

〈Maelstrom〉, Greg Martin, http://gallery.artofgregmartin.com.

정치라는 알, 혹은 정치라는 알이 속해 있는 세계는 균열을 통해 세계로, 우주로 열려 있다. 알이 속한 우주는 무한히 열려 있다. 그것이 우리가 발 딛고 있는 오늘, 이 땅의 '현실'이다.

라운드테이블

"정치와 정치, 그리고 정치" 강연에 이어 열린 라운드테이블. 76~77

추천 문헌

뤽 페리 저, 우종길 역, 〈신-인간, 혹은 삶의 의미〉, L'homme-Dieu ou le sens de la vie, 영림카디널, 1998.

마이클 샌델 저, 이창신 역, 〈정의란 무엇인가〉, Justice: What's the Right Thing to Do?, 김영사, 2010.

모르방 르베스크 저, 김화영 역, 〈알베르 카뮈를 찾아서〉, 나남출판, 1997.

임마누엘 월러스타인 저, 김명환, 유재건, 이동기 역, 〈근대세계체제 1~3〉, The Modern World System, 까치, 1999.

조인원, 〈포월의 초대〉, 아카넷, 2006.

조인원, 존 던, 존 아이켄베리, 〈정치의 미래, 그 이상향을 탐색하다〉, 경희대학교 미래문명원, 2008.

프리드리히 니체, 〈짜라투스트라는 이렇게 말했다〉(1885), 〈인간적인 너무도 인간적인〉(1878~80), 〈도덕의 계보〉(1887), 〈선악을 넘어서〉(1886).

Choue, Inwon, ed., *Transformative Challenges: Modern Civilization and Beyond*, Global Academy for Future Civilizations, Kyung Hee University, 2008.

Faust, Drew Gilpin, 'The Role of the University in a Changing World,' speech to the Royal Irish Academy at Trinity College in Dublin, 2010.

Friedman, Thomas L., *The World is Flat: A Brief History of the Twenty-first Century*, Farrar, Straus and Giroux, New York, 2005.

Fukuyama, Francis, *The End of History and the Last Man*, Avon Books, New York, 1992.

Gates, Bill, Microsoft co-founder, Remarks, Harvard's 356th Commencement, 2007.

Havel, Václav, President of the Czech Republic, 'The Philadelphia Liberty Medal' Acceptance Speech, 1994 (http://constitutioncenter.org/libertymedal/recipient_1994_speech.html).

Hesse, Hermann, *Demian*, 1919.

Nussbaum, Martha C., *Not for Profit: Why Democracy Needs the Humanities*, Princeton University Press, Princeton, 2010.

Pearce, Joseph Chilton, *The Crack in the Cosmic Egg: New Constructs of Mind and Reality*, Park Street Press, Rochester, 2002.

Popper, Karl R., *The Open Universe: An Argument for Indeterminism*, Routledge, London, 1988.

Russell, Peter, *The Global Brain: Speculations on the Evolutionary Leap to Planetary Consciousness*, J. P. Tarcher, Inc., Los Angeles, 1983.

Searle, John R., *The Construction of Social Reality*, The Free Press, New York, 1995.

Tattersall, Ian, *Becoming Human: Evolution and Human Uniqueness*, Harcourt, Inc., 1998.

Thompson, William Irwin, ed., *A Way of Knowing: Political Implications of the New Biology*, Lindisfarne Press, Houston, N.Y., 1987.

Unger, Roberto M., 'A Symposium on Roberto Unger's Politics: A Work in Constructive Social Theory,' Published in The Northwestern University Law Review (Summer, 1987) (http://www.heinonline.org/HOL/Page?handle=hein.journals/illlr81&id=599&collection=journals&index=).

Unger, Roberto M., *False Necessity: Anti-Necessitarian Social Theory in the Service of Radical Democracy*, Verso, New York, 2004.

Unger, Roberto M., *Passion: An Essay on Personality*, The Free Press, New York, 1984.

Unger, Roberto M., *Politics: A Work in Constructive Social Theory*, Cambridge University Press, Cambridge, 1987, in 3 Vols.

Wallerstein, Immanuel, *The Capitalist World-Economy*, Cambridge University Press, Cambridge, 1979.

Wallerstein, Immanuel, *Utopistics: Or, Historical Choices of the Twenty-first Century*, The New Press, New York, 1998.

Watzlawick, Paul. ed., *The Invented Reality: How Do We Know What We Believe We Know? Contributions to Constructivism*, W. W. Norton & Company, New York, 1984.

편저자 소개

조 인 원

경희대학교 총장 조인원 박사는 '삶과 정치의 미학적 공간'을 논해온 정치학자다. 이성과 감성, 인간과 제도, 현실과 낭만의 창조적 결합을 통해 '현실정치Real Politik'를 재구성하는 것이 그의 관심사다. '초월적 사회 참여transcendental engagement'를 통해 인간 중심의 미래사회를 구현하고, 이념적 대립과 갈등이 만연한 오늘의 현실정치를 넘어서고자 한다. 학자 겸 실천가인 조 총장은 〈국가와 선택〉, 〈포월의 초대: 탈권위, 탈현대의 새로운 정치담론을 찾아서〉, 〈문명충돌 현장을 가다〉, 〈탈 20세기 대화록〉, 〈정치의 미래, 그 이상향을 탐색하다〉 등을 출간했다. 그는 대통령직 인수위원회 국정지표심의위원회 전문위원(1997), 서울NGO세계대회 삼자공동추진위원회 한국 대표(1999)를 역임했고, 미래재단 자문위원(2009~), 세계시민포럼World Civic Forum 의장(2009~)으로 활동 중이다.